하루 15분,
흔들리지 않는 멘탈 코칭

내 마음 속 빛을 밝히는 연습

하루 15분,
흔들리지 않는
멘탈 코칭

박은선 최희순 한미옥 지음

두드림미디어

자기 인생의 빛을 스스로 밝히는
별과의 여정 시작

우리는 누구나 멋지고 행복한 삶을 살고 싶어 합니다. 하지만 인생이라는 기나긴 여정 속에서 수많은 난관을 겪게 되고, 도저히 넘지 못할거대한 장애물을 맞닥뜨리게 됩니다. 궁극적으로 인생은 언제나 예상치 못한 도전과 어려움으로 가득 차 있기에, 때로는 그 앞에서 흔들리고, 지치고, 자신에 대한 도전을 포기하고 싶을 때가 있습니다. 그러나그런 순간들에서 우리는 자신의 내면을 마주하게 되고, 강력한 내면의자원을 발견하고 활용하기를 원합니다. 멘탈 코칭은 이러한 인생의 여정 속에서 자신의 삶을 행복하게 인도하는 길잡이가 될 수 있습니다.

멘탈 코칭은 우리의 정신적, 감정적, 심리적인 힘과 타고난 잠재력을발휘하는 데 도움을 주는 강력한 도구입니다. 즉, 멘탈 코칭은 우리가마주하는 도전을 극복하고 성공을 이루는 데 필요한 도구와 전략을 제공합니다. 그러나 그것은 단순히 도전을 피해가는 것이 아니라, 도전에 대해 자신을 강화하고 성장하는 과정입니다. 이 책은 여러분이 멘탈의 신호등을 켜고, 자신의 내면의 힘을 발견하며, 자신에 대한 도전을 극복하는 데 도움을 주기 위해 만들어진 동반자입니다.

"2020 도쿄올림픽" 국가대표 선수단의 심리 및 멘탈코칭 전담팀으로 활동하고 실업팀 선수들의 심리 지원, 라이프 코칭을 하면서 흔들리지 않는 멘탈의 중요성을 깨달았습니다.

이 책은 멘탈 코칭의 기초 개념과 원리를 쉽게 이해할 수 있도록 소개하며, 독자들이 자신의 내면에 귀 기울이면서 자아를 탐험하고 발견하며, 성장하게 해서 더 나은 삶을 살아갈 수 있도록 안내합니다. 또한 이 책을 읽고 실행하는 셀프 멘탈 코칭 과정을 통해 자신의 목표를 명확히 설정하고, 실천해나가는 방법을 배우며, 자신의 내면의 목소리에 귀를 기울이고 자아를 강화하는 방법을 익힐 수 있습니다.

여러분들이 자신의 멘탈을 강화하고, 일상적인 도전에 대비하는 데 도움을 주기 위해 이 책은 만들어졌습니다. 이를 위해 단순하고 학문 중심의 이론적인 지식을 전달하는 데 그치지 않고, 이론과 실전 활동이 조화롭게 어우러진 워크북 형태로 구성되어 있습니다. 즉, 일상생활에서 활용할 수 있는 실용적인 지침, 인사이트, 워크 시트, 그리고 실제 사례를 통해 멘탈 코칭의 힘을 체험할 수 있는 컨텐츠로 이루어져 있습니다.

이 책은 크게 4개의 장으로 구분되어 있습니다. 1장에서는 멘탈과 멘탈 코칭을 쉽게 이해할 수 있도록 멘탈 지수, 멘탈 수레바퀴, 목표설정 및 확장 등으로 구성되었습니다. 2장은 자기 삶의 의미와 가치를 탐색할 수 있도록 나를 알기, 자신의 인생 나침반, 자기 탁월성과 미래 설계 방법을 제시했습니다. 3장은 자신의 멘탈을 알아차리고 강화할 수 있는 생각, 마음, 감정 요인의 효과적인 실행법을 기술했고, 마지막으로 행복하고 빛나는 삶을 위해 필요로 하는 셀프 멘탈력, 내 삶의 가치, 멘탈 감각 등을 높일 수 있도록 내용화했습니다.

여러분들이 매일 단 15분의 시간을 투자하면 자신의 멘탈을 강화하고, 내면의 평온과 안정을 찾을 수 있도록 도움을 줄 것입니다. 지금보다 더 강력하고 즐거운 인생을 살아가기 위해 실제로 긍정적인 행동을 취하고 변화를 이루는 데 도움이 되는 활동과 과제를 하는 과정에서 이전보다 놀라울 만큼 힘차고, 견고한 멘탈을 갖춘 자신을 발견할 것입니다.

지금부터 어두운 밤하늘에서 반짝반짝 빛나는 별처럼 힘들고 기나긴 인생의 여정 속에서 자신의 내면을 탐험하고, 성장하며, 자아를 발견함으로써 어떠한 상황에서도 자신의 멘탈을 유지할 수 있는 멘탈 코칭 여행을 함께 나아가보길 기원합니다.

박은선

나다움을 찾아가는 여정

삶을 살아가면서 여러 도전과 역경을 맞이하게 되고, 수많은 문제와 부딪히고 매 순간 크고 작은 선택을 해야만 할 때가 있습니다. 어느 순간은 한 발 내딛는 것조차 힘겨울 때도 있고, 막연함으로 선택을 할 수 없을 때도 있고, 한 없이 부정적인 생각으로 무의식의 심연으로 들어갈 때도 있을 것입니다. 이런 상황들 속에서 한 발 뒤로 물러서서 나 자신을 돌아볼 수 있는 여유와 막연함이라는 감정이 확고함으로 무장되어야 상황을 이해하고 선택할 수 있으며, 넓은 시야로 세상과 타인을 바라보며 문제를 해결해나갈 수 있습니다. 그렇게 할 수 있다면 우리의 삶은 지금보다 더 나아질 수 있을 것입니다. 이러한 더 단단하고 더 나은 삶을 살아가는 데 '멘탈 코칭'은 우리들에게 앞으로 나아갈 수 있는 출발선을 마련해줄 것입니다.

'멘탈 코칭'이란 용어는 이전에 '멘탈'과 '코칭'으로 명명되어 쓰이다가 이제는 '멘탈 코칭'이라는 하나의 언어로서 자리 잡아 일상생활에서 나 상담 상황이나 스포츠 상황에서도 널리 쓰이고 있습니다. 멘탈 코칭이란 정신적인 안정과 회복에 도움을 주며 내면의 힘을 성장시키고 잠재된 강점을 개발해서 발휘할 수 있도록 이끌어주는 과정입니다. 이러한 멘탈 코칭의 장점을 알고 있는 사람들은 많지만 실천적인 면에서 어떻게 해야 하는지에 대한 궁금증과 함께 그것의 해답을 원하는 사람들이 많이 있습니다. 내면의 힘을 키우기 위한 실천적인 방법은 마치 신체적인 능력을 키우기 위한 방법으로 운동과 트레이닝이란 방법을 사용하는 것과 같이 정신적인 측면에서의 마음과 내면의 성장을 위한 방법으로는 '멘탈 코칭'의 과정이 효과적이라는 것입니다. 멘탈 코칭은 강한 내면을 구축하고, 어려움에 대처하는 데 도움을 줄 수 있습니다. 이 책은 이러한 멘탈을 강화시킬 수 있는 핵심 원리와 기술과 함께 더 나은 삶을 살아가는 데 도움이 되도록 안내합니다.

이 책은 삶의 도전과 어려움에 대응하기 위한 멘탈 코칭의 원리와 기술을 알기 쉽게 설명하며, 독자들에게 자기계발과 내면의 안정을 위한 유용한 도구를 제공합니다. 독자 스스로 멘탈 코칭을 익히고 적용함으로써 삶을 살아가는 데 원동력이 될 '멘탈 코칭'을 깊이 있고 친절하고 쉽게 소개합니다. 우리는 바쁜 일상과 외부적인 환경의 압박으로 인해 스스로를 소홀히 하는 경향이 있습니다. 인생을 살아가면서 우리 자신을 돌보는 것은 어떠한 환경에서도 필수적인 요소입니다. 스스로를 존중하고 챙기는 것, 이는 단순한 행위가 아니라 내면의 변화와 조화로운

삶을 만들어가는 것입니다. 이 책은 그러한 내면의 변화를 위한 첫걸음
으로, 하루 15분을 통해 어떻게 우리의 삶을 풍요롭게 만들 수 있는지
알려줄 것입니다. 출발선에 서서 멘탈 코칭의 첫걸음으로 시작하여 멘
탈 코칭의 핵심 열쇠인 나의 의미를 찾고, 나를 찾는 도구로서 멘탈 코
칭의 과정을 거쳐 더 단단하고 빛나는 삶을 살아갈 나로 나아갈 수 있
는 과정을 실천해나갈 수 있는 방법을 안내합니다.

　　'아름답다'라는 말이 있습니다. '아름'은 순수한 우리말로 '나'를 뜻
하는 말입니다. 결국 '아름답다'라는 말은 '나답다'라는 의미입니다. 나
를 나답게 만드는 것이 아름다운 것이고 아름다운 것은 나다운 것이라
고 할 수 있습니다. 이 책이 아름다운 나로서의 길라잡이로써 하루의
15분이라는 시간을 통해 아름다운 나를 만들어가는 과정에 첫 발을 내
딛는 기회가 되기를 바랍니다.

최희순

성공의 비밀은 바로 멘탈 관리!

이 책은 흔들리는 정신력으로 인해 원하는 목표를 이루는 데 어려움을 겪거나 삶에서 힘든 상황에서 정신력을 잘 관리해 나답게 살아가기를 원하는 사람들을 위한 책입니다.

3년 전 박사 학위를 받고 하루도 쉬지 않고 일에 매달려 살았습니다. 밤 11시가 넘어서 퇴근하는 일이 다반사였고, 일요일은 오전에 교회, 오후에 출근. 학위를 받고 일이 없으면 불안하고 놀면 안 될 것 같은 압박감 때문에 스스로를 일터로 내몰았습니다. 그렇게 2년을 보냈습니다. 그러다 하나의 사건으로 인해 소진이 왔고 무기력증에 빠져서 8개월을 살았습니다. 삶의 의미가 없었고, 하루하루를 버틴다는 심정으로 살았습니다. 그러던 어느 날 박은선 대표에게 한 통의 전화를 받았습니다.

"코치님 우리 함께 멘탈 코칭에 관한 책을 써보지 않을래요?"

박 대표의 제안을 듣고 반가움과 함께 '그래 이 책을 쓰면서 나의 멘탈을 바로 잡아보자'라는 생각에 흔쾌히 응했습니다.

2017년 12월 남서울대학교 도미향 교수님과 대학원생들과 함께 멘탈 코칭을 배우기 위해 일본으로 갔습니다. 일본 국가대표 선수를 멘탈 코칭해 우승을 하게 만든 멘탈 코치라고 불리는 쯔게상과 함께 4박 5일 동안 멘탈 코칭을 배우는 시간이 주어졌습니다. 쯔게상이 선수들을 직접 데리고 와서 멘탈 코칭하는 모습을 보면서 멘탈 코칭의 효과를 눈으로 직접 확인할 수 있었습니다. 그 당시만 해도 멘탈 코칭이 한국 국내에는 잘 알려지지 않아서 배운 것을 활용할 기회가 없었습니다. 6년이 지난 지금 멘탈 코칭이라는 용어는 코치들 사이에서는 흔한 말이 되었고, 코치뿐만 아니라 일반인들도 멘탈이라는 용어가 익숙해졌습니다.

'멘탈 코칭' 하면 스포츠 선수들에게 주로 사용하는 것으로 알고 있지만, 사실은 그렇지 않습니다. 우리 삶에서 멘탈을 잘 관리하는 것은 매우 중요합니다. 사람들은 영혼이 털릴 만큼 힘들었다는 말을 "멘탈이 나갔다"라는 말로 대체합니다. 멘탈이 뭘까요? 멘탈은 일종의 정신력이라고 할 수 있습니다. 다시 말해 괴로운 일에 마음이 흔들리지 않고 평정심을 유지하는 능력입니다. 때로는 심지(心志) 혹은 심기(心氣)라는 단어로 사용되기도 합니다. 우리는 사회적 동물입니다. 따라서 사회적 활동을 합니다. 사회적 활동을 하는 데 중요하게 여겨지는 것 중의 하나가 멘탈, 즉 마음가짐입니다. 사람들이 평소 생활을 이어갈 때 가지고 있는 마음이나 상태로 부정적인 상황이나 원하는 목표를 이루는 데 있어서 멘탈은 중요하게 작용합니다. CDC(미국 질병 통제 예방센터)에서는 "정신 건강은 감정, 심리, 양호한 사회적 활동을 모두 포함하며, 우리가 생각하고 느끼고 행동하는 것에 영향을 준다"고 했습니다.

21세기를 살아가는 데 있어서 정신 건강 즉, 멘탈 관리는 필수입니다. 어떻게 하면 멘탈을 잘 관리할 수 있을까요? 이 책에 그 해답이 있습니다. '하루 15분 멘탈 코칭'을 따라가다 보면 스스로 멘탈 코칭을 할 수 있게 됩니다.

이 책의 첫 번째 장 멘탈 코칭의 첫걸음에서는 멘탈 코칭에 대해 설명하고 있고, 스스로 멘탈 지수를 높이는 방법을 K. D. A(지식, 개발, 태도)를 통해 확인할 수 있습니다. 두 번째 장 멘탈 코칭의 핵심 열쇠에서는 멘탈 코칭의 핵심인 '나'를 잘 이해하고 발견하도록 안내합니다. 세 번째 장에서는 소중한 나를 돕는 멘탈코칭이라는 제목으로 패러다임을 점검하고 마음소리에 집중함으로써 멘탈을 단단하게 할 수 있도록 안내합니다. 마지막 네 번째 장에서는 더 단단한 삶, 더 빛나는 삶이라는 제목으로 스스로 멘탈력을 길러서 삶을 의미 있고 가치 있게 살 수 있도록 안내하고 있습니다.

이 책을 쓰는 과정에서 책에 제시한 것들을 하나하나 작성해가다 보니 어느새 흔들렸던 멘탈이 제자리에 와 있다는 느낌이 들었습니다. 여러분도 '하루 15분 멘탈코칭'의 내용을 매일 혹은 매주 하나씩 따라가다 보면 자신의 멘탈을 잘 관리하는 방법을 터득해갈 것입니다. 더 나아가 이 책을 통해 여러분 내면의 변화를 이끌고 성장하는 기회를 제공할 뿐 아니라 길러진 멘탈력을 토대로 행복하고 의미 있는 삶을 사는데 도움이 되리라고 확신합니다.

한미옥

차례

프롤로그 / 4

| PART 01 | 멘탈 코칭의 첫걸음 |

01. 멘탈 코칭이란? • 18

02. 마인드셋과 멘탈 수레바퀴 • 20

03. 멘탈 지수 • 30

04. 지식(Knowledge), 개발(Development), 태도(Attitude)

목표설계하기 • 33

05. 지식(Knowledge), 개발(Development), 태도(Attitude) 확장하기 • 45

| PART 02 | 멘탈 코칭의 핵심 열쇠 : 나는 누구인가? |

01. 어디로 가고 있는가? • 56

02. 나를 만들다(Make me) • 58

03. 인생 나침반 • 63

04. 탁월성 • 77

05. 미래 일기 • 83

PART 03 소중한 나를 돕는 멘탈 코칭

01. 긍정적 패러다임 • 92

02. 라이프 9보드 • 96

03. 마음소리에 집중하라 • 102

04. 감정 · 욕구 · 마음소리 • 110

05. 마음신호등 • 123

PART 04 더 단단한 삶 더 빛나는 삶

01. 셀프 멘탈력 기르기 • 128

02. 마스터 멘탈 코칭 • 134

03. 내 삶의 가치 여행 • 143

04. 다섯 박자 댄싱 • 151

05. 멘탈 감각 깨우기 • 155

06. 마음소리카드 소개 • 163

PART
01

멘탈 코칭의 첫걸음

멘탈 코칭이란?

2019년부터 시작된 코로나19 바이러스로 인해 전 세계는 팬데믹에 빠졌고, 심리적 불안과 미래에 대한 두려움을 호소하는 사람들이 많아졌다. 이로 인해서 멘탈을 바로잡아야 한다는 목소리가 나오기 시작했다. tvN에서는 〈멘탈 코치 제갈길〉이라는 멘탈 코칭의 중요성을 이야기하는 드라마가 방영되기도 했다.

'코칭(Coaching)'이라는 말은 16세기 헝가리의 'Kosc'라는 도시에서 네 마리의 말이 함께 끄는 마차인 'Kosci'에서 출발했다. 코치의 역할은 마차에 오른 고객이 원하는 목적지에 도달할 수 있도록 지원하는 것이다. 코치가 고객의 성장을 지원하는 데 있어서 코칭 철학은 매우 중요하다. 세계에서 가장 큰 코치들의 단체인 ICF(국제코칭연맹)는 '모든 인간은 온전(Holistic)하고 충분한 자원(Resourceful)이 있으며 창의적(Creative)인 존재'라고 말한다. (사)한국코치협회는 개인과 조직의 잠재력을 극대화해 최상의 가치를 실현할 수 있도록 돕는 수평적 파트너십이라고 정의하고 있다. 따라서 코칭은 개인의 가능성과 잠재력을 이끌어내어 개인이 달성하고자 하는 목표, 성과를 실현하는 데 있어 고객가치를 존중하고 지지, 격려, 지원하는 수평적 파트너십을 추구한다.

코칭을 잘 표현해주는 용어가 '줄탁동시(啐啄同時)'다. 병아리가 알을 깨고 나오기 위해서는 병아리의 노력과 함께 어미가 밖에서 동시에 쪼아주어야 한다. 이러한 어미의 역할을 하는 게 코칭이다. 이때, 병아리가 스스로 알을 깨고 나오고자 하는 의지가 중요하다. 이 의지가 '멘탈'이다.

멘탈(Mental)은 라틴어에서 '정신의', '마음의'를 뜻하는 '멘탈리스(Mentalis)'에서 시작되었다. 영어의 'Mentality'는 정신력을 뜻한다. 넓은 의미에서의 멘탈은 '심지', '정신력의 강도', '심기' 등을 의미하는 것으로, 흔히 '정신 상태' 또는 '정신력'을 말한다. 일반적으로 멘탈이 강하면 몸과 마음이 건강한 것으로 볼 수 있다. 코로나 팬데믹 이후, 전 세계적으로 정서적 스트레스가 높아지면서 멘탈의 중요성이 강조되고 있다. 멘탈이란 개인의 성과나 목표를 달성하는 과정에서 발생하는 강한 스트레스 상황을 효과적으로 대처하기 위해 개인의 잠재능력과 모든 정신적인 힘을 최대한 발휘하는 것이다. 멘탈 코칭은 개인의 내재된 잠재적 능력과 정신적인 전략을 잘 발휘할 수 있도록 돕는 과정이라고 하겠다.

마인드셋과 멘탈 수레바퀴

멘탈이 강한 사람은 탄력성, 자신감, 집중력, 지속성이 높다. 미국 스탠퍼드 대학의 캐롤 드웩(Carol S. Dweck) 교수는 '마인드셋(Mindset)'이 많은 이들의 성공을 결정짓는 중요한 요소라고 했다. 여기에서 말하는 '마인드셋'은 마음가짐을 뜻한다.

대부분의 사람들은 개인이 가지고 있는 마인드셋에 따라 삶에서 부딪히는 다양한 문제를 대하는 방식이 달라진다. 이는 마인드셋이 의지, 성격, 마음 등과 깊은 관련이 있기 때문이다. 개인이 어떤 마인드셋을 가지느냐에 따라 사람과의 관계, 행동방식이 결정된다. 똑같은 상황에서 사람들은 각자의 방식으로 생각을 처리하고 제각기 다르게 반응한다. 이것을 관점이라고 한다. KBS에서 방영된 '보이지 않는 고릴라' 실험에서 흰색 옷을 입은 여성이 공을 몇 번 패스하는지를 알아맞히는 질문을 던지고 중간에 고릴라가 지나간 후, 고릴라를 보았는지 물어보자 발견하지 못한 사람이 많았던 실험 결과에서 알 수 있듯이 사람들은 자신이 보고 싶은 것과 관심 있는 것에만 집중하는 경향이 있다.

개인이 어떤 관점을 택하느냐는 일생을 살아가는 방식에 지대한 영향을 미친다. 이때 선택한 관점은 자신이 이루고 싶은 모습과 인생의 가치를 실현할 수 있는지를 결정한다. 이러한 관점에 영향을 미치는 중요한 요인이 마인드셋이다.

마인드셋은 '고정 마인드셋'과 '성장 마인드셋'으로 나뉜다. 고정 마인드셋은 타고난 기질처럼 노력보다 능력에 초점을 맞춘다. 고정 마인드셋을 가진 사람은 인간의 기본적인 능력, 지능, 재능 등은 타고난 특성으로 변하지 않고 고정되어 있다고 믿는 마음의 틀을 가지고 있다. 이들은 어려운 상황에 놓였을 때 자신이 가지고 있는 능력 이상의 변화를 극복할 수 없다는 생각으로 실패에 대한 두려움을 가지고 있다.

반면 성장 마인드셋을 가지고 있는 사람들은 인간의 재능과 능력은 노력, 훈련, 학습, 교육, 인내를 통해 발전될 수 있다고 믿는 마음의 틀을 가지고 있다. 이들은 모든 사람이 열심히 노력한다면 보다 성장하고 성공할 수 있다는 변화의 가능성을 믿는다. 멘탈이 강한 사람의 특징은 대체로 성장 마인드셋을 가지고 있다. 멘탈 코칭에서 성장 마인드셋을 기르는 것은 중요하다.

더그 스트리챠크직과 피터 클러프의 저서 《멘탈력》에서는 멘탈력이 통제, 전념, 도전, 자신감이라는 4개의 기둥(4C 모델)으로 구성되어 있다고 말한다. 저자들은 성장 마인드셋을 기르기 위한 요소로 멘탈력의

4C 모델과 함께 긍정성을 추가했다.

통제는 삶에서 갑작스럽게 부딪히는 상황들에 대해서 이 상황들이 자신에게 어떠한 영향을 끼치는가를 알아차리고 자신에 대한 내적 믿음을 토대로 생각과 행동을 조절하는 것이다. 전념은 우리에게 주어진 환경 안에서 타인과 비교하지 않고 주도성을 발휘해서 주어진 문제를 해결하기 위해 목표에 집중하고 온 힘을 다하는 것이다. 자신감은 주어진 상황에서 성공할 수 있다고 믿는, 자기 신뢰와 주어진 일을 해낼 수 있거나 그 일이 자신이 원하는 대로 꼭 그렇게 되리라는 스스로에 대한 굳은 믿음, 즉 내적 강인함이다. 도전은 안정보다는 변화와 성장을 추구하는 것이다. 잠재적인 스트레스 상황을 긍정적 상황으로 인식하고 이를 극복하기 위해 최선을 다해 더 많이 발전하고 성장하도록 한다. 긍정성은 가능성을 믿는 마음, 내가 노력하면 지금 벌어지는 일들을 자신이 원하는 방향으로 이끌 수 있다는 자신감이다.

멘탈 수레바퀴

멘탈은 눈에 보이는 것은 아니다. 객관적으로 측정하기가 어렵다. 이러한 이유로 멘탈을 강화시키기 위해서는 스스로 멘탈을 점검하는 셀프 멘탈 코칭이 필요하다. 나의 멘탈 점검을 위해 멘탈 수레바퀴를 그려보자. 먼저, 멘탈 수레바퀴 각각의 요소에 대해 자신이 생각하는 현재의 점수를 부여한다.

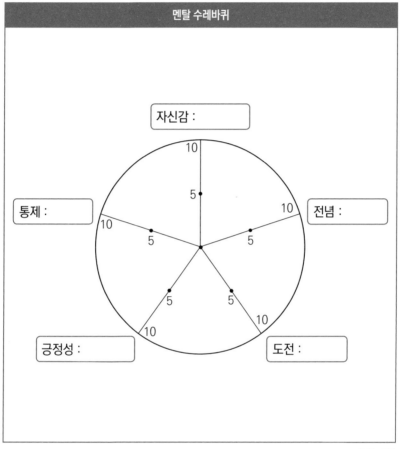

멘탈 수레바퀴

자신감 :

통제 :

전념 :

긍정성 :

도전 :

출처 : 저자

멘탈 수레바퀴 요소(0~10점까지)에 각각 점수를 부여한 후 부여한 이유를 작성해보자.

1. 통제

2. 자신감

3. 전념

4. 도전

5. 긍정성

멘탈 수레바퀴에 현재 점수와 미래에 원하는 점수를 기록해보자.

멘탈 영역		현재 점수와 미래 점수는 다른 색으로 표시										점수 차 (미래-현재)
1. 통제	현재	1	2	3	4	5	6	7	8	9	10	
	미래	1	2	3	4	5	6	7	8	9	10	
2. 자신감	현재	1	2	3	4	5	6	7	8	9	10	
	미래	1	2	3	4	5	6	7	8	9	10	
3. 전념	현재	1	2	3	4	5	6	7	8	9	10	
	미래	1	2	3	4	5	6	7	8	9	10	
4. 도전	현재	1	2	3	4	5	6	7	8	9	10	
	미래	1	2	3	4	5	6	7	8	9	10	
5. 긍정성	현재	1	2	3	4	5	6	7	8	9	10	
	미래	1	2	3	4	5	6	7	8	9	10	

자신의 멘탈 지수를 다음의 표에 따라 체크해보자.

	문항 내용	점검 (O/×)
1	나는 나의 감정 상태를 잘 통제할 수 있다.	
2	나는 타인의 비판과 부정적인 피드백에도 감정을 조절할 수 있다.	
3	나는 예상치 못한 감정적 상황에서 평정심을 유지할 수 있다.	
4	나는 압박감 속에서도 나에게 주어진 상황에 최선을 다한다.	
5	나는 목표에 대한 확고한 신념이 있다.	
6	나는 주어진 일을 충분히 해낼 수 있는 자질과 능력이 있다고 믿는다.	
7	나는 나에게 주어진 일의 대부분을 통제할 수 있다고 믿는다.	
8	나는 내 감정과 타인의 감정을 이해하고 조절할 수 있다.	
9	나는 분명한 목표를 세우고 그 과정을 즐긴다.	
10	나는 목표를 달성하기 위해 무엇이든 할 수 있다.	
11	나는 새로운 경험을 즐기며 나의 한계를 극복하는 것을 즐긴다.	
12	나는 새로운 경험이나 실패에서 교훈을 찾고 이를 토대로 발전하고 싶다.	
13	나는 타인에게 영향을 미칠 수 있으며 필요한 경우 내 입장을 분명하게 표현할 수 있다.	
14	나는 주어진 일을 끝까지 완수할 수 있다고 믿는다.	
15	나는 어려운 상황에서도 감사함을 찾으려고 노력한다.	
16	나는 내 인생에 분명한 목적을 가지고 있다.	
17	나는 역경과 실수를 극복할 수 있다고 믿는다.	
18	나는 성격적 강점을 잘 이해하고 활용한다.	
19	나는 매일 감사로 하루를 마감한다.	
20	나는 주어진 일에 자발적으로 행동할 수 있다.	

문항별 멘탈 지수 하위 요소

멘탈 지수	문항 번호	나의 멘탈 지수(o의 개수)
통제	1, 2, 3, 7	
전념	4, 5, 16, 20	
자신감	6, 8, 13, 14, 19	
도전	9, 10, 11, 12	
긍정성	15, 17, 18	
합계		

동그라미 하나를 1점으로 봤을 때의 설명

점수	
0~4점	매우 낮음
5~8점	낮음
9~12점	보통
13~16점	높음
17~20점	매우 높음

☞ 자신의 멘탈 지수를 체크해본 느낌은 어떠한가?

☞ 내가 원하는 멘탈 점수는 몇 점인가?

03

멘탈 지수

멘탈 지수 돌아보기

멘탈 지수는 하루아침에 높아지지 않는다. 멘탈 지수를 높이기 위해서는 매일매일 체크하고 돌아보고 관리해야 한다. 훌륭한 셀프 멘탈 코치가 되기 위해서는 자신의 멘탈 지수를 아는 것이 중요하다. 멘탈 지수가 높은 사람들은 스트레스 상황에서 대처 능력이 뛰어나다. 이들은 경쟁적인 환경에서 더 좋은 결과를 내고 업무평가에도 좋은 성적을 낼 가능성이 있다. 멘탈 지수가 낮다는 것은 멘탈이 약하다는 것을 의미하지 않고, 멘탈 지수가 높으면 일상 생활에서 발생하는 모든 상황에 민감하게 반응하는 대처 능력이 뛰어나다는 것을 의미한다. 이들은 스트레스로 인한 압박감이나 해결해야 할 이슈에 쉽게 함몰되지 않으며 당면한 문제를 원활하게 해결해나갈 수 있다. 멘탈 지수는 성장 마인드셋과도 연결되며 통제, 전념, 자신감, 도전, 긍정성으로 삶의 모든 영역에 영향을 미친다. 따라서 자신의 멘탈 지수를 알고 관리할 필요성이 있다.

"측정할 수 없는 것은 관리할 수 없다."

– 피터 드러커(Peter Ferdinand Drucker)

나의 멘탈 지수를 매일 기록하고, 그 이유를 작성해보자.

요일	나의 멘탈 점수는?	점수를 준 이유는?	나에게 해주고 싶은 말 (인정해주는 말)
월			
화			
수			
목			
금			
토			
일			

"성공했다고 끝이 아니고, 실패했다고 끝나는 것도 아니다.

중요한 것은 계속 앞으로 나아가는 용기다."

– 윈스턴 처칠(Winston Churchill)

04

지식(Knowledge), 개발(Development), 태도(Attitude) 목표설계하기

미국 역사상 가장 화려한 경력을 자랑하는 피겨스케이팅 선수인 미쉘 콴(Michelle Kwan)은 흑인의 피지컬과 백인의 기술과 표현력을 가진 선수로 1995년부터 2005년까지 10년 동안 세계 여자 싱글 피겨스케이팅의 최강자라 불렸다. 그녀는 1996년 동계올림픽에 출전했으나 기대했던 금메달을 획득하지 못했다. 경기가 끝난 후 기자는 목표를 달성하지 못한 심정을 인터뷰하면서 콴이 얼마나 실망하고 있는지 물었다. 콴은 "제 목표는 올림픽 경기에서 제가 가진 실력을 최대한 발휘하는 것이었습니다. 저는 오늘 제 실력을 최대한 발휘했습니다. 이번 대회에서 은메달을 받았지만 기분은 정말 좋습니다"라고 대답했다. 올림픽에 출전하기 전 그녀는 두 개의 목표를 가지고 있었다. 하나는 금메달 획득이고, 또 다른 하나는 최선을 다해 자신의 모든 것을 발현하는 것이었다. 그녀는 금메달 획득이라는 구체적이고 측정 가능한 목표를 가지고 있었지만, 콴은 후자의 목표가 더 중요했다.

목표가 나에게 주는 선물

- 경쟁 스트레스를 이겨내는 힘
- 자기주도적인 인생관
- 상황의 방해 요소를 극복할 수 있는 힘
- 주변의 유혹에 넘어지지 않는 힘
- 중간에 실패를 딛고 일어나는 힘

목표 설정에 관해 어떤 이들은 "당신이 마음만 먹으면 어떤 것도 목표로 할 수 있습니다. 당신이 할 수 있다고 생각하는 것은 무엇이든 목표가 될 수 있습니다"라고 이야기한다. 목표를 이루기 위해서는 지식(Knowledge), 개발(Development), 태도(Attitude)의 실천 목표가 중요하다. 콴이 은메달을 획득하고도 기분이 좋았던 이유는 자신이 가진 실력을 최대한 발휘했기 때문이다. 그녀는 자신이 원하는 것이 무엇인지 알고 있었다. 콴의 사례에서 보았듯이 정말 중요한 것은 자신이 진짜 원하는 것이 무엇인지 아는 것이다. 이것은 바로 궁극적인 목표다.

예시 ○○○야구선수

구체적인 목표 설계하기(K-지식, D-개발, A-습관적 태도, K. D. A)

목표 분류			실천 목표
궁극적 목표(Real Want)			안정적이고 풍요로운 삶으로 영향력을 끼치는 삶
장기 목표			지도자로서의 명성과 경제적 안정
중기 목표			○○년도 ○○대회 금메달 획득
단기 목표			국가대표 선발되기
실천 목표	K (Knowledge)	지식 목표	• 종목에 대한 경기력, 기술, 지식의 습득 • 종목에 대한 이해 • 자신의 선수로서의 경쟁력 파악
	D (Development)	개발 목표	• 체력 : 유연성, 몸 관리, 영양제 챙기기, 하체 강화 • 기술 및 훈련 : 스피드, 변화구, 제구, 구위
	A (Attitude)	태도 (습관) 목표	• 멘탈 : 뚜렷한 목표와 목적, 감정 조절, 인간관계 • 인성 : 배려, 감사, 신뢰, 예의, 지속성 • 개인 훈련
목표 강화 방법 (동기 부여)			• 독서 • 명상 • 코칭, 상담 • 자기개발
궁극적 목표를 이룬 나는 어떤 사람인가?			나는 목표가 명확하면 반드시 이루는 사람이다!
나에게 해주고 싶은 응원의 메시지			내가 자랑스러워! 나는 나를 믿어! 지금도 충분히 잘하고 있어!

질문 1   내 삶의 궁극적인 목표는 무엇인가?

질문 2   나는 어떤 목표를 이루길 원하는가?

궁극적인 목표를 이루기 위해 필요한 지식과 개발해야 할 것, 필요한 태도는 무엇인가? 이를 스스로 정리해볼 필요가 있다. 다음 표를 채워 넣어보자.

구체적인 목표 설계하기(K-지식, D-개발, A-습관적 태도, K. D. A)

목표 분류			실천 목표
궁극적 목표(Real Want)			
장기 목표			
중기 목표			
단기 목표			
실천 목표	K (Knowledge)	지식 목표	
	D (Development)	개발 목표	
	A (Attitude)	태도 (습관) 목표	
목표 강화 방법 (동기 부여)			
궁극적 목표를 이룬 나는 어떤 사람인가?			
나에게 해주고 싶은 응원의 메시지			

K. D. A 설계하기

지금까지 자신이 가고 싶은 목적지와 그에 따른 목표를 이루기 위한 K. D. A(지식, 개발, 태도)를 살펴보았다. 자신이 원하는 목표를 이루기 위해 어떻게 하면 좋을지 생각해봐야 한다.

저자들은 개인의 목표를 이루는 데 있어서 스티븐 코비(Stephen Covey) 박사의 《성공하는 사람들의 7가지 습관》 중 2번째 습관인 '소중한 것을 먼저 하라'를 소개하고자 한다. 소중한 것을 먼저 한다는 것은 어떤 의미일까? 첫째는 시간을 효율적으로 사용하는 것이다. 둘째는 개인의 궁극적인 목표를 이루는 데 필요한 자원을 얻기 위해 시간을 확보하는 것이다.

괴테(Johann Wolfgang von Goethe)는 "가장 중요한 일들이 별로 중요하지 않은 일들에 의해 좌우되어서는 안 된다"라고 했다. 지금 나는 시간을 어떻게 활용하고 있는가? 지금 사용하고 있는 시간 패턴이 궁극적인 목표를 이루는 데 어떤 작용을 하고 있는가? 잠시 시간을 내어 다음 두 가지 질문에 답해 보자.

질문 1 내가 지금 하고 있지 않지만 규칙적으로 실행했을 때 나의 삶에 긍정적인 영향을 가져다줄 수 있는 것을 한 가지만 떠올려 본다면 무엇인가?

질문 2 현재 내가 하고 있는 일이나 삶에서 이와 비슷한 결과를 가져다줄 수 있는 것이 한 가지 있다면 무엇인가?

앞의 질문에 만족할 만한 답을 얻었는가? 만족할 만한 답을 얻었다면 당신은 효과적으로 시간을 관리하고 있는 사람이라고 할 수 있다. 만약 앞서 질문에 '아무 것도 없다'고 대답했다면 시간을 효율적으로 사용하고 있는지 점검해볼 필요가 있다.《성공하는 사람들의 7가지 습관》의 저자 스티븐 코비는 '시간관리'라는 표현이 진정한 의미에서 잘못되었다고 이야기한다. 그는 시간을 관리하는 것이 아니라 자신을 관리하는 것이라고 말했다. 결국 시간관리를 잘한다는 것은 대상과 시간에 초점을 맞추기보다 개인이 멘탈을 효과적으로 관리하고 발전시키면서 원하는 결과를 달성하는 것이다.

우리는 어떤 일을 할 때 긴급성과 중요성에 따라 우선순위를 정한다. 긴급한 것은 즉각적인 행동을 요구하기 때문에 '지금 바로, 즉시 해야 한다!'는 명제가 붙는다. 때문에 즉각적으로 행동한다. 예를 들어 공과금 납부 마감시간이 바로 코앞이라면 대부분의 사람들은 바로 은행에 달려갈 것이다. 중요한 것은 긴급함을 요구하지는 않는다. '중요성'은 원하는 결과와 연결된다. 성공한 사람들은 목표를 이루기 위해 사명, 가치, 우선순위를 정하고 일을 추진한다.

반면, 대부분 많은 사람들은 중요한 일보다 긴급한 일에 시간을 더 투자한다. 하지만 원하는 목표를 이루기 위해서는 시간을 주도적으로 관리하는 멘탈이 필요하다.

스티븐 코비는 시간관리 매트릭스에 대해 다음 표와 같이 소개하고
있다.

	긴급한 일	긴급하지 않은 일
중요한 일	I. 활동 - 위기 - 급박한 문제 - 기간이 정해진 프로젝트	II. 활동 - 예방, 생산 능력 활동 - 인간관계 구축 - 새로운 기회 발굴 - 중장기 계획, 오락
중요하지 않은 일	III. 활동 - 직업의 흐름을 방해하는 사소한 일들 - 일부 전화, 우편물, 보고서 - 일부 회의 - 눈앞의 급박한 상황 - 인기 있는 활동	IV. 활동 - 바쁜 일, 하찮은 일 - 일부 우편물 - 일부 전화 - 시간 낭비거리 - 즐거운 활동

출처 : 《성공하는 사람들의 7가지 습관》을 참조해서 저자 작성

시간관리 매트릭스는 4사분면으로 분류된다. I사분면은 중요하면서
도 급한 일, II사분면은 중요하지만 급하지는 않은 일, III사분면은 중
요하지는 않지만 급한 일, IV사분면은 중요하지도 급하지도 않은 일이
다. I은 생존에 관련된 일로 긴급히 처리해야 할 일이다. II는 개인의 소
중한 가치와 관련된 것으로 집중해야 할 활동이다. III은 거절하지 못해
잡은 약속 등 중요하지 않은데도 중요한 것처럼 보이는, 최소화해야 하
는 일들이다. IV는 지나친 TV 시청 또는 게임하기 등 시간만 낭비하는
일로 피해야 할 사항들이다. 그렇다면 나의 시간관리 매트릭스는 어떠
한지 살펴보자.

	긴급한 일	긴급하지 않은 일
중요한 일	– 훈련 – 이성친구 연락하기 – 다급하게 시합 준비하기	– 훈련(체력) – 경기력, 기술 – 멘탈 관리 – 인성
중요하지 않은 일	– SNS 관리하기 – 전화로 안부 전하기 – 친구 만나기	– 유튜브 보기 – 틱톡 보기 – 게임하기

이번에는 현재 자신의 시간 활용 패턴을 기록해보자.

	긴급한 일	긴급하지 않은 일
중요한 일		
중요하지 않은 일		

나는 몇 사분면에 머물고 있는가? 그 사분면에 머문 지 얼마나 되었는가? 특정한 사분면에 집중되어 있다면, I사분면은 미루는 사람, II사분면은 우선순위에 따라 사는 사람, III사분면은 거절을 못하는 사람, IV사분면은 게으른 사람이라고 표현할 수 있다. K. D. A(지식, 개발, 태도)를 효과적으로 이루기 위해 나는 어떤 사분면으로 옮겨야 하는가?

현재 널리 사용되고 있는 시간관리 방법은 목표 설정에 초점을 맞춘다. 이것은 구체적으로 궁극적인 목표와 장기, 중기, 단기적 목표를 위한 실천 목표인 K. D. A(지식, 개발, 태도)를 의미한다. 효과적으로 시간관리를 하는 사람들은 K. D. A(지식, 개발, 태도)를 가지고 자신의 가치 기준과 일치되도록 시간과 에너지를 조절한다. K. D. A(지식, 개발, 태도)를 가지고 최대의 성과를 가져오기 위해서는 시간을 관리하는 것이 필요하지만 진정한 의미에서 최대 성과는 자신을 관리하는 것이다.

지식(Knowledge), 개발(Development), 태도(Attitude) 확장하기

만다라트

"넌 내일을 위해 살지만 난 오늘만 산다!"

영화 〈아저씨〉에 나오는 원빈의 명대사다. 성공한 온라인 화상영어 업체 '야나두'의 사장 김민철씨는 현재의 시간을 지금 이 순간의 성공 만을 위해 산다고 했다. 작은 성공의 경험이 중요하다는 것이다. 작은 목표들이 모이면 자신이 원하는 목적지에 조금씩 다가갈 수 있다. 이런 작은 목표들이 모여서 흐름을 타기 시작하면 작은 성공들이 쌓이고 결 국 이루고자 하는 결과물을 만든다.

야나두의 사장 김민철씨는 목표를 100% 현실화시킬 수 있었던 성공

노하우로 '만다라트'를 말한다. 김민철씨는 '실패 장인', '실패꾼'이라는 별명을 가지고 있다. 젊은 시절부터 시작한 사업 27개 중에 24개가 망했기 때문이다. 실패를 먼저 생각하고 두려움을 느끼면 모든 것이 어렵고 도전하는 게 쉽지 않다. 몇 번의 실패를 경험한 뒤 만다란트 기법을 사용해 지금의 '야나두'를 이루었다.

세바시가 응원하는 인생 만다라트 표								
페북	G9	옥션	이름을 쉽게 외우면?	유명 연예인	압도적으로 집중적으로	희극인 VS 배우	파랑 VS 노랑	남자 쌤 VS 여자 쌤
홈쇼핑	어디선가 1위	G마켓	도깨비 보는 사람은	아는 사람 80%	지하철 타는 사람은 모두	옛날 VS 요즘	S사 VS 야나두	긴 강의 VS 짧은 강의
네이버	위메프	티몬	페북 하는 사람은	IP TV 보는 사람은	강남 동선	40/50대 VS 20/30대	PC VS 모바일	현강 VS 스튜디오
주변에 알리고 싶어	가르치는 것은 못하지만 가이드는 할 수 있어	그 표현은 콩글리쉬야	어디선가 1위	아는 사람 80%	S사 VS 야나두	추석에 야나두 이야기	인스타에 야나두	다른 친구들 태그
아! 쟤들이 한국 욕하잖아	야너도 할수 있어	영어권 문화 사람에게는 실례야	야너도 할수 있어	새로운 1위 야나두	영어는 자주 하면 된다	어디 다녀 왔어? 완강자 파티!	영어는 자주 하면 된다	유튜버 야나두 이야기
잠깐만 내가 주문 해줄게	자! 인사해 외국인친구 폴이라고 해	지나가는데 외국사람 보면 말걸고 싶어	이번에는 성공했어	야나두로 영어 끝!	요즘 어떤 거 들어야 해? 야나두 괜찮은 거 같아	영어 어떻게 하면 돼?	집에 갔더니 이쁜 책이 보인다. 뭐야?	커뮤니티 에서 야나두
내 생애 첫 장학금	끝까지 다 받았어	이번주 일 요일 영국 다녀올게	1년에 77 일 이상 무한 연장	ABC 몰라도 돼	애니메이션 으로 재미있 게 배우고 싶은데	가르친다 VS 동기부여	짧게, 자주	습관 형성
안 돼! 나 야나두 들어야해	이번에는 성공했어	외국인이 두렵지 않아 다 들려	난 너무 바쁜데..	야나두로 영어 끝!	요즘 미국에 서는 어떤 영어 써?	폐인 포인트	요즘 어떤 거 들어야 해? 야나두 괜찮 은 거 같아	장학금
아! 어제 빼먹은 것 너무 싫다	선생님이 날 기다리 고 있어	같이 공부하는 사람들 보면 나도 해야겠다는 생각이 들어	중국어도 배워야 하지 않을까?	혼자서 하면 잘 안돼	여행 갈 때 잘했으면 좋겠어	학습 여정 관리	완강자 파티	1대 1 케어

출처 : 세바시

미국 메이저리그에서 맹활약하고 있는 일본 야구선수 오타니 쇼헤이(大谷翔平)는 만다라트를 활용해 성공했다. 그가 시속 160km대의 강속구를 던지는 투수이면서도 홈런까지 치는 엄청난 선수가 될 수 있었던 이유는 고등학교 때 세운 '목표' 덕분이었다고 한다. 이 목표를 세우는 데 도움이 된 것이 바로 '만다라트' 기법이었다.

만다라트 기법은 일본의 디자이너 이마이즈미 히로아키(今泉浩晃)가 처음 개발한 것으로, 정사각형 9개로 이루어진 표를 그리는 데서 출발한다. 맨 가운데 칸에는 한 가지 궁극적인 목표를 쓰고 나머지 여덟 칸에 목표를 위한 핵심 요소들을 채워 넣는다. 핵심 요소를 중심으로 각각의 8가지 실천 목표를 작성한다. 각자 이 만다라트에 자신의 목표를 적어 구체화시켜보면 좋을 것 같다. 처음부터 구체적으로 생각하기보다는 마치 마인드맵을 그리듯이, 하나씩 생각의 가지를 뻗어가는 방식으로 적어보는 것이다.

성공을 위한 만다라트 작성법

1. 궁극적 목표를 세운다.

	궁극적 목표	

2. 궁극적 목표를 이루기 위한 핵심 목표를 작성한다.

핵심 요소 1	핵심 요소 2	핵심 요소 3
핵심 요소 8	궁극적 목표	핵심 요소 4
핵심 요소 7	핵심 요소 6	핵심 요소 5

3. 핵심 목표를 위한 실천 목표를 작성한다.

실천 목표 1	실천 목표 2	실천 목표 3
실천 목표 8	핵심 요소1	실천 목표 4
실천 목표 7	실천 목표 6	실천 목표 5

꿈에 계획을 더하면 목표가 된다. 멘탈 코치인 당신만의 만다라트를 그려보자.

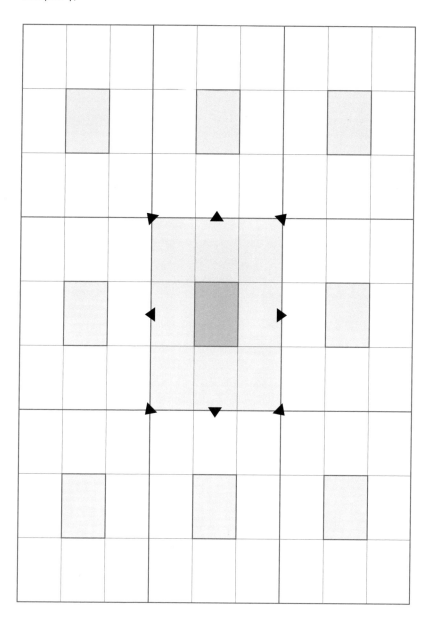

우선순위

궁극적인 목표를 이루기 위한 실천 목표 8가지를 작성해보자.

매우 그렇다 5점, 그렇다 4점, 보통이다 3점, 그렇지 않다 2점, 매우 그렇지 않다 1점.

선택된 8가지 목표의 실천 목표를 구체적으로 적기		지표						합계	우선 순위
		중요하다	급하다	노력이 필요하다	간절하다	도움이 필요하다	내 능력 밖이다		
1	책 쓰기	5	5	5	5	5	1	26	2
2	다이어트	5	4	5	5	5	1	25	3
3	논문	3	5	5	5	5	5	28	1
	⋮								

선택된 8가지 목표의 실천 목표를 구체적으로 적기		지표						합계	우선 순위
		중요하다	급하다	노력이 필요하다	간절하다	도움이 필요하다	내 능력 밖이다		
1									
2									
3									
4									
5									
6									
7									
8									

실천 목표 점검하기

실천 목표(K. D. A)	실천 내용	목표 달성도	만족도	보완점
			날짜 : 년 월 일	
K		1 2 3 4 5 6 7 8 9 10 저 고	☺ 😐 ☹	
D		1 2 3 4 5 6 7 8 9 10 저 고	☺ 😐 ☹	
A		1 2 3 4 5 6 7 8 9 10 저 고	☺ 😐 ☹	

나에게 해주고 싶은 말

멘탈 코칭의 핵심 열쇠 :
나는 누구인가?

어디로 가고 있는가?

항해하는 배와 표류하는 배의 차이점이 무엇인지 알고 있는가? 항해하는 배는 분명한 목적지가 있지만 표류하는 배는 방향성을 잃고 자신이 서 있는 위치조차 모른다. 목적지에 도달하기 위해서는 반드시 두

가지가 필요하다. 나침반과 위치 정보다. 나침반이 없으면 어디로 가야 할지 알지 못해 앞으로 나아갈 수가 없고, 나의 위치 정보가 없으면 올바른 방향을 잡을 수가 없기 때문이다.

셀프 멘탈 코치가 되기 위해서는 두 가지가 필요하다. 하나는 셀프 멘탈 코치로서의 비전이고, 다른 하나는 자기 이해다. 비전이 없으면 나아갈 수 없고 내가 누구인지 모르면 방향을 잡을 수 없기 때문이다. 내가 누구인지, 내가 무엇을 원하는지, 내가 무엇을 잘하는지 아는 것이 중요하다. 그래서 앞 장에서 궁극적인 목표를 정하고 K. D. A(지식, 개발, 태도)를 활용해 무엇을 하고자 하는지 정리했다. 이제는 내가 누구인지를 탐색해보자.

나를 만들다(Make me)

'나는 누구인가?'라는 질문에는 여러 가지 의미가 있다. 첫 번째는 나의 정체성에 관한 문제다. 두 번째는 내가 세상을 살아가는 삶에 대한 의미다. 세 번째는 나는 왜 존재하는가에 대한 의미다.

나의 정체성은 무엇인가?

내가 살아가야 할 의미는 무엇인가?

나는 왜 존재하는가?

우리는 위의 질문들을 평생 하며 살아간다. 이러한 고민과 질문들을 왜 하는 것일까? 대부분의 사람들은 불확실한 미래에 대한 두려움을 가지고 있다. 살아가다 보면 전혀 예상하지 못한 일들이 발생하고 원하지 않은 방향으로 흘러가기도 한다. 또한 생각했던 만큼의 성과를 얻지 못해 힘든 경우도 있다. 코로나 19가 이런 상황을 잘 설명한다. 전 세계적으로 코로나 19는 많은 사람들의 육체적인 건강뿐만 아니라 정신적인 건강까지 악영향을 미쳤다. 그럼에도 불구하고 이러한 어려움을 잘 극복한 사람은 멘탈과 회복 탄력성이 강한 사람들이라고 할 수 있다.

"생각하는 대로 살지 않으면 사는 대로 생각한다."

– 프랑스의 시인 폴 발레리(Paul Valéry)

멘탈과 회복 탄력성을 높이기 높이기 위해서는 자기 이해와 자기 인식이 중요하다. 나는 누구고, 내가 무엇을 원하는지를 아는 것이다. 셀프 멘탈 코치가 되기 위해서 나를 아는 것은 특히 중요하다. 또한 자신의 강점을 파악하고 활용할 수 있어야 한다.

열 손가락으로 만나는 나

현대는 개별화, 창조성의 시대라고 할 수 있다. 그속에서 최고의 인생을 보내기 위해서는 최고의 멘탈을 가지기 위한 기술을 습득하는 것이 중요하다.

셀프 멘탈 코치가 되는 과정에서 개인의 목표와 신념, 강점, 환경, 습관., 변화는 반드시 필요한 요소다. 멘탈 코치로 자신의 멘탈을 형성하는 과정에서 지혜와 용기는 중요하다. 지혜는 삶을 살아가는 눈이라고 할 수 있다. 용기는 자신이 원하는 모습으로 살아가기 위해 매우 중요한 덕목으로 결과물을 만들어가는 필수 도구다. 고대 지혜에서는 한 사람의 삶이 손에 다 들어가 있다고 이야기한다.

손가락 질문은 자신의 능력과 가능성을 믿고 도전하도록 자극한다. 스스로 문제를 해결하고 답을 찾아가는 과정을 통해 자기효능감을 강화시킬 수 있다. 스스로 답을 찾도록 유도함으로써 자기 발견과 이해를 촉진하고, 개인이 직접 생각하고 자신의 아이디어를 발전시키는 과정을 통해 더 깊은 이해를 이끌어낼 수 있다. 즉, 자기 이해와 자기 효능감 강화, 창의적 사고와 문제 해결력 개발에 도움을 주는 코칭 기법이다.

촉각은 우리가 잘 알고 있는 감각이지만 동시에 평소에 잘 인지하지 못하는 감각이기도 하다. 아기에게 거칠다, 부드럽다, 뜨겁다 등의 사물의 재질을 가장 먼저 느끼게 할 때 손을 이용한다. 손바닥이나 손가락으로 무엇인가를 만지면 사물의 재질뿐만 아니라 사물이 무엇인지 알 수 있다. 손가락 끝이 무언가에 닿았을 때 그 부분이 딱딱한지, 부드러운지, 차가운지, 뜨거운지 등을 느낄 수 있다. 의식하지 않던 것을 의식하게 만드는 것이 바로 촉각이다. 촉각은 잠자고 있던 감각을 깨어나게 한다. '열 손가락으로 만나는 나!'를 통해 잠자고 있던 자신의 멘탈 감각을 깨워보자! 다음 표의 질문을 통해서 각각의 손가락의 질문에 답해 보자.

왼손		오른손	
엄지	나의 목표는 무엇인가?	엄지	나의 목표를 이루기 위해 길러야 할 역량은 무엇인가?
검지	타인이 보는 나의 강점은 무엇인가?	검지	내가 생각하는 나의 강점은 무엇인가?
중지	나의 가치와 신념은 무엇인가?	중지	어떠한 사람과 함께하고 싶은가?
약지	나의 가장 소중한 것은 무엇인가?	약지	나는 어떤 환경에 있을 때, 안정을 느끼는가?
소지	내가 변화하고 싶은 부분은 무엇인기?	소지	내가 가지고 있는 좋은 습관은 무엇인가?

예시 **열 손가락으로 만나는 나**(회사원 ○○○님)

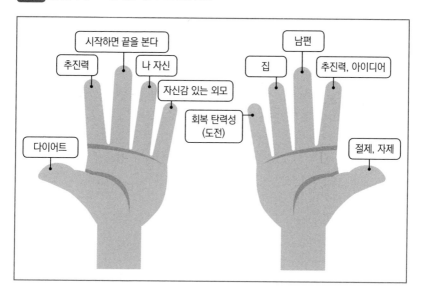

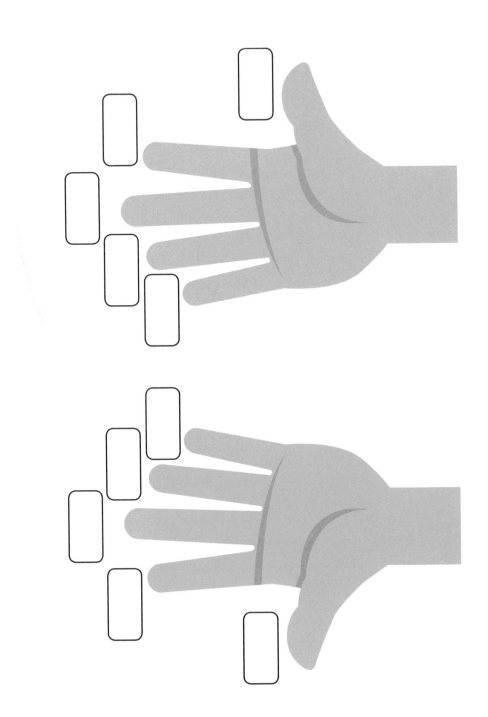

하루 15분, 흔들리지 않는 멘탈 코칭

인생 나침반

누구나 삶을 살아오면서 기쁨을 맛보았던 시절도, 힘든 시련을 견디었던 시절도 있다. 때로 시련은 우리에게 깊은 성찰과 깨달음, 단단한 내구력을 키워준다. 그 당시에는 끝이 보이지 않을 것만 같은 고통도 시간이 지나면 무뎌지고, 자신이 경험한 전철을 밟지 않겠다는 다짐을 한다. 그리고 고통스러운 경험으로 헝클어지고 이리저리 흩어진 퍼즐 조각을 맞추는 것은 자신이 원하는 모습으로 살아가는 데 출발점이 된다. 그런 의미에서 인생 나침반을 그려보는 것은 어떨까?

1. 5년 단위로 그래프를 그려본다.
2. 현재 나이까지는 실선으로, 미래는 점선으로 그려본다.
3. 중요 사건에 대해서는 번호를 작성해놓는다.

인생 나침반 그리기

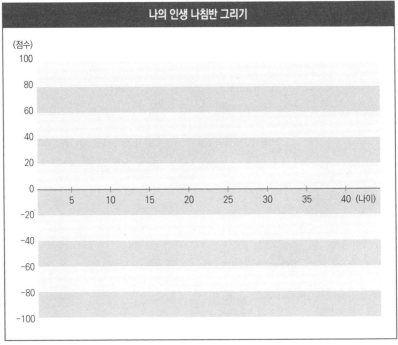

출처 : 박은선 저,《코칭으로 나를 빛내라》

인생 나침반을 통해 자신의 삶을 돌아보고 다음 질문에 답을 달아보자.
이러한 그래프를 통해 자신의 삶을 돌아보면 많은 것을 배울 수 있다.

👉 칭찬하고 싶은 점은 무엇인가?

👉 무엇이 그 일을 가능하게 했는가?

👉 나의 어떤 강점이 무언가를 잘할 수 있도록 했는가?

👉 나에게 주는 교훈은 무엇인가?

현자들은 생의 모든 일은 의미가 있어 일어난다고 말한다. 맹자(孟子)는 "하늘이 장차 그 사람에게 큰 사명을 주려 할 때는 반드시 먼저 그의 마음과 뜻을 흔들어 고통스럽게 하고, 그 힘줄과 뼈를 굶주리게 해 궁핍하게 만들어 그가 하고자 하는 일을 흔들고 어지럽게 하나니 그것은 타고난 작고 못난 성품을 인내로써 담금질해 하늘의 사명을 능히 감당할 만하도록 그 기국과 역량을 키워주기 위함이다. 작금의 시련과 역경은 나를 단련시켜 크게 사용하려고 하는 것이다"라고 했다. 스티브 잡스(Steve Jobs) 역시 "애플에서 해고된 것은 내 인생 최고의 사건이었다. 어떤 면에서 환자였던 내게는 정말 필요한 약이었다"고 회고했다. 인생 나침반을 통해 즐거운 시간이든 고통스런 시간이든 그 속에서 교훈을 찾을 수 있다.

우리는 자신이 겪은 경험을 통해 스스로 인생에서 중요하다고 꼽는 가치들을 발견할 수 있다. 나는 과연 어떠한 가치를 중요시하는가? 가치에도 여러 가지가 있다.

가족 독립성 신앙 인정 지성 결의 독창성 아름다움 자신감 지혜 겸손 명예
안락함 자율 진실성 경제력 모험 안전 자존감 창의성 공정 목적의식 야심
잠재력 개발 책임감 공헌 배려 열린 마음 재미 청결 관용 봉사 열정 전문성
초연 근면 변화 이끎 예의 절도 충직 기쁨 사랑 용기 정돈 친절 사려 깊음
용서 정의로움 탁월함 끈기 성실함 우정 정직 평등 나눔 성장 유능 조화
평온함 노력 성취 유연성 존중 평화 단정 소신 이상 학습 주인 의식 도움
순종 이해 중용 헌신 도전 신뢰 인내 즐거움 화합

출처 : 박은선 저, 《코칭으로 나를 빛내라》

☞ 평소에 중요하게 생각하는 것은 무엇인가?

☞ 인생의 목적이 무엇인가?

☞ 무엇을 할 때 충만함을 느끼는가?

☞ 어떠할 때 행복을 느끼는가?

☞ 무언가를 선택할 때 기준은 무엇인가?

세상을 살면서 지팡이 하나 없이 험난한 산길을 오르기는 쉽지 않다. 앞으로 내 인생을 지탱할 3가지 가치를 찾으라면 무엇이 있을까? 자신의 성품과 상황에 맞춰 선정해보자. 자신의 가치는 다른 어떤 누군가가 아닌, 바로 자신이 정하는 것이다. 이와 같은 과정을 통해 다음 질문에도 대답해보자.

🖐 **배운 점(사실)은 무엇인가?**

🖐 **느낀 점(생각)은 무엇인가?**

🖐 **실행할 점(욕구 또는 의도)은 무엇인가?**

인생 나침반을 통해 자신의 강점과 가치를 찾아보았다면 자신이 원하는 미래의 모습을 떠올리고 새로운 인생설계를 세워보자.

새로운 인생설계

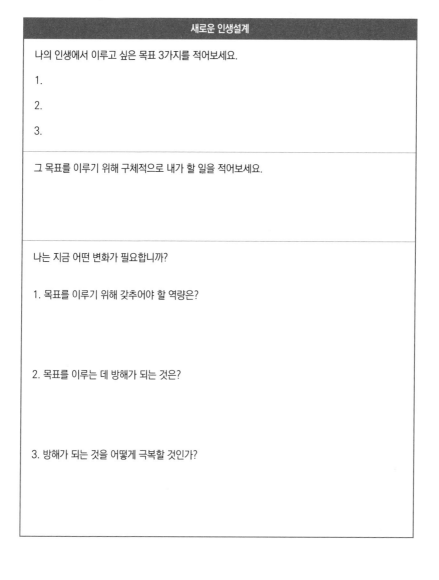

새로운 인생설계
나의 인생에서 이루고 싶은 목표 3가지를 적어보세요. 1. 2. 3.
그 목표를 이루기 위해 구체적으로 내가 할 일을 적어보세요.
나는 지금 어떤 변화가 필요합니까? 1. 목표를 이루기 위해 갖추어야 할 역량은?   2. 목표를 이루는 데 방해가 되는 것은?   3. 방해가 되는 것을 어떻게 극복할 것인가?

Bravo My Life(브라보 마이 라이프)!

자전거를 타고 가다가 타이어에 바람이 빠져서 속도가 나지 않아 답답했던 경험을 한 번쯤은 해봤을 것이다. 타이어에 바람이 가득 차 있지 않으면 자전거는 이내 속도가 줄어들고 만다. 오르막길을 오를 때라면 어떤 일이 벌어질까? 아마 내려서 타이어 바람이 빠진 자전거를 끌고 땀을 뻘뻘 흘리면서 힘들게 올라가야 할 것이다. 인생도 마찬가지다. 나의 삶이 자전거 바퀴라고 생각해보자. 지금 나의 삶의 바퀴 중 바람이 빠진 곳은 없는가? 만약 찌그러진 부분이 있다면 바람을 채워서 잘 굴러가도록 해야 한다. 누구나 균형 잡힌 삶을 원하고, 그렇게 살고 싶어 한다. 삶에 부족한 부분이 있다면 균형을 이루어 앞으로 나아가기 위해 삶의 각 영역을 살펴볼 필요가 있다.

다음 페이지의 라이프 서클 15개 영역을 보고 자신의 삶에 필요한 영역 8가지를 골라 하단의 라이프 서클의 네모칸에 각각 적어보고, 동그라미 안에 점수를 매겨보자. 각각에 대해 10점 만점 기준으로 점수를 부여한다.

라이프 서클(Life Circle)의 15개 영역

1. 경제 상태
2. 가족 관계
3. 일(커리어)
4. 신체 건강
5. 정신 건강
6. 자기 개발
7. 여가 생활
8. 인간관계
9. 봉사와 기여
10. 애정 관계
11. 부부 관계
12. 자녀 관계
13. 비전과 꿈
14. 신앙과 영성
15. 개인적인 목표

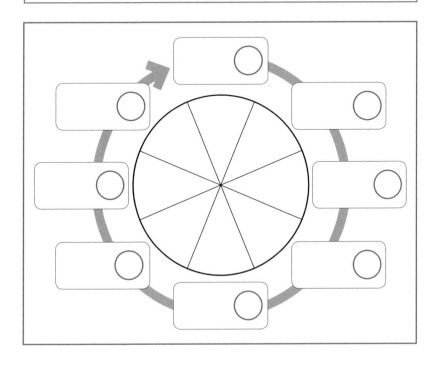

라이프 서클에 표시된 점수를 다음 표에 기록해보자.

영역		현재 점수와 미래 점수는 다른 색으로 표시										점수 차 (미래-현재)
1.	현재	1	2	3	4	5	6	7	8	9	10	
	미래	1	2	3	4	5	6	7	8	9	10	
2.	현재	1	2	3	4	5	6	7	8	9	10	
	미래	1	2	3	4	5	6	7	8	9	10	
3.	현재	1	2	3	4	5	6	7	8	9	10	
	미래	1	2	3	4	5	6	7	8	9	10	
4.	현재	1	2	3	4	5	6	7	8	9	10	
	미래	1	2	3	4	5	6	7	8	9	10	
5.	현재	1	2	3	4	5	6	7	8	9	10	
	미래	1	2	3	4	5	6	7	8	9	10	
6.	현재	1	2	3	4	5	6	7	8	9	10	
	미래	1	2	3	4	5	6	7	8	9	10	
7.	현재	1	2	3	4	5	6	7	8	9	10	
	미래	1	2	3	4	5	6	7	8	9	10	
8.	현재	1	2	3	4	5	6	7	8	9	10	
	미래	1	2	3	4	5	6	7	8	9	10	

라이프 서클의 모양은 사람마다 상이하다. 각자가 중요하게 생각하는 분야가 다르고 추구하는 가치가 다르기 때문이다. 내가 그린 라이프 서클의 모양은 어떤가?

다음 질문에 답해보자.

1. 나의 라이프 서클은 어떤 형태를 취하고 있는가?

....

....

....

....

2. 라이프 서클을 보고 난 후 어떠한 느낌이 드는가?

....

....

....

....

3. 라이프 서클에 해당 점수를 준 이유는 무엇인가?

....

....

....

....

4. 라이프 서클이 원만하게 굴러가기 위해 보완해야 할 영역은 무엇
인가?

5. 만약 보완되지 않고 이 상태로 유지된다면 당신의 삶에 어떠한 영
향을 미칠까?

6. 보완해야 할 영역을 충족하기 위해 유지하거나 지금까지 해보지
않았던 행동(액션 플랜)은 무엇이 있을까?

7. 액션 플랜을 지속하기 위한 장애물과 버려야 할 습관이 있다면 무
   엇인가?

   ----

8. 액션 플랜을 지속했을 때 당신의 삶에 어떤 변화를 기대하는가?

   ----

9. 기대하는 라이프 서클을 생각하면 어떤 느낌이 드는가? 변화하고
   싶은 나에게 들려주고 싶은 마음의 소리는 무엇인가?

나의 라이프 서클을 점검하며 다음 표를 정리해보자.

To Do List(목표)		
이름 :	날짜 :	성취 날짜 :
라이프 서클 내용 중 가장 낮은 점수를 받은 항목	1.	
	2.	
라이프 서클의 내용 중 가장 높은 점수를 받은 항목	1.	
	2.	
라이프 서클의 내용 중 유지하고 싶은 항목	1.	
	2.	
영역	행동(액션 플랜) & 버려야 할 습관	
1.		
2.		
3.		
4.		
5.		
6.		
7.		
8.		

탁월성

사람은 누구나 고유의 탁월성을 가지고 있다. 탁월성은 원하는 목표를 이루고자 할 때 즐겁고 효과적인 방법으로 목표에 도달할 수 있도록 돕는다. 탁월성이 발휘되면 일하는 시간은 더 이상 지루하게 느껴지지 않고 순식간에 지나간다. 탁월성은 재미, 집중력, 몰입할 수 있는 힘을 준다. 몰입 상황에서는 일하는 것이 신나고 자신감이 넘치며 성취감을 느낄 수 있다.

탁월성의 사전적 의미는 남보다 두드러지게 뛰어난 성질로 강점이라고도 불린다. 흔히 말하는 장점과는 다른 차이가 있다. 장점은 개인이 가지고 있는 좋거나 잘하거나 긍정적인 점을 이야기한다면, 강점은 스스로 생각하기에 남보다 우세하거나 더 뛰어난 점이다. 예를 들어 '나는 키가 크다'는 장점이다. 하지만 나는 큰 키를 활용해서 덩크슛을 잘할 수 있는 것은 강점이라고 할 수 있다. 강점은 이겨내게 하는 단단한 도구다. 또한 강점은 내가 개발할 수 있는 역량이다.

지금부터 나에게 있는 강점(탁월성)과 개발하고 싶은 강점(탁월성)에는 어떤 것이 있는지 다음 질문을 따라가며 발견해보자!

탁월성 찾기

1. 다음 탁월성 단어를 보고 자신이 가지고 있다고 생각하거나 자신이 가지고 싶은 말을 고른다.

탁월성 단어				
유능한	영향력 있는	진취적인	사교적인	포근한
전문적인	예리한	지적인	지혜로운	준비하는
사랑스런	애교 있는	열정적인	재미있는	중후한
배려하는	섬세한	풍부한	이끄는	격려하는
매력적인	연구하는	논리적인	영리한	동기부여하는
충성된	변함 없는	융통성 있는	솔직한	영적인
유연한	진실된	믿음직한	겸손한	신뢰가 가는
부드러운	강인한	호의적인	봉사하는	비전적인
열심히 하는	추진하는	통솔하는	조직적인	협조하는
치유하는	가치 있는	통찰력 있는	단호한	뚝심 있는
재주 있는	강인한	독립심 있는	의리 있는	성취하는
노력하는	쾌활한	실천적인	긍정적인	모험심 있는
용기 있는	주도적인	헌신하는	관용 있는	정의로운

2. 앞에서 고른 말들 중에서 정말 자신에게 중요한 말 3가지를 고른다.

1. 이번에는 지인 등 나를 아는 사람 10명에게 내 장점 3개씩을 받아서 다음 표에 기록해보자("나를 보면 떠오르는 말 3개를 알려줘"라고 말해보자).

다른 사람이 보는 나의 탁월성			
	1	2	3
1	열정적인	신뢰가 가는	진취적인
2			
3			
4			
5			
6			
7			
8			
9			
10			

2. 지인 등이 말해준 30개 말 중 자신이 정말 마음에 드는 말 3개를 골라 적어보자.

3. 내가 진짜 부럽거나 존경하는 사람 3명에게 있다고 생각되는 말
2가지씩을 골라 적어보자.

닮고 싶은 사람의 탁월성	이름 :		이름 :		이름 :	

4. 3번에서 고른 6가지 중 정말 마음에 드는 말 3가지를 선택한다.

5. 최종적으로 마음에 드는 말 3가지를 선택한다.

(1번, 2번, 4번에서 선택한 단어)

6. 5에서 찾은 최종 단어 3가지를 넣어 다음 문장을 완성해보자.

나는 _____, _____, _____ 사람이다!

앞에서 작성한 내용을 다음의 탁월성 표에 정리한 후, 자아선언문을 작성해보자.

나 _____의 탁월성

1. 나한테 있는 3가지 탁월성			
2. 타인이 바라본 나의 탁월성 3가지			
3. 닮고 싶은 사람의 탁월성	이름 1.	이름 2.	이름 3.
4. 닮고 싶은 탁월성 6가지 중 3가지 선택			
5. 최종적으로 마음에 드는 3가지 선택(1, 2, 4번에서 선택한 단어)			

자아 선언문

나 _____ 은/는

_____목표

(K. D. A의 궁극적인 목표)를

이루기 위해,

나의 탁월성인

_____, _____, _____

을/를 발휘하는 사람이다!

미래 일기

인간은 누구나 행복한 삶을 꿈꾼다. 자신의 미래에 대해 부정적으로 생각하는 사람은 극히 드물다. 하지만 미래는 불확실하기 때문에 때로는 불안하다. 누구나 알 수 없는 미래지만 자신이 꿈꾸는 대로 이루어진 사람이 있다. 한동대의 총장이었던 이원설 총장이 바로 그 주인공이다. 이 총장이 1960년대 미국에 유학할 당시의 이야기다. 이 총장은 말도 통하지 않고, 자신이 살던 고향을 떠나 머나먼 타지에서 불확실한 미래를 극복하고자 미래 일기를 작성했다. 당시에 이 총장이 작성했던 미래 일기는 이루어지지 않는 자신이 상상한 모습을 연도별로 구체적으로 기록했다. 훗날 이 총장은 이야기했다.

"내가 적었던 것보다 미래가 7년 이상 앞당겨졌다는 것을 발견했다."

플라시보 효과(Placebo Effect) 또는 위약 효과를 들어본 적이 있을 것이다. 플라시보 효과는 믿는 대로 이루어지는 것을 말한다. 멘탈 코치로 살아가기 위해서는 긍정적인 미래를 그려볼 필요가 있다. 좋아질 거라고 믿으면 정말로 좋아진다는 플라시보 효과에서 알 수 있듯이 일상생활 속 긍정적, 심리적 암시가 가진 힘은 놀랍다.

긍정적인 미래를 향한 원동력을 구체화시킬 수 있는 방법이 미래 일기다. 알라딘이 요술램프를 문질러서 소원을 빌자 이뤄졌던 것처럼 미래 일기는 내가 말하는 대로, 내가 쓰는 대로, 내가 생각한 대로 다 이뤄지는 요술램프다. 자신이 정말 원하는 것을 이룬 그날의 모습, 그 하루를 상상해보자. 아침에 눈을 뜬 시각부터 잠자리에 들기 전까지의 과정을 기록해보자. 내가 원하는 목표를 이룬 어느 날의 하루를 편지나 메시지, 그림으로 표현하는 것이다.

미래 일기 작성하기

미래 일기를 작성하기 전에 내가 하고 싶은 일, 갖고 싶은 것, 가고 싶은 곳의 목록을 자유롭게 작성해보자. 그리고 미래 일기를 다음 순서에 맞춰 그려보자.

첫째, 10년 또는 20년, 30년 후의 미래를 설정하고 생생하게 그려본다. 혼자만의 공간에서 눈을 감고 자신이 어떤 일을 하고 있는지, 어떻게 살아가고 있는지 미래의 모습을 생생하게 떠올려본다.

둘째, 준비된 필기구와 메모지에 상상한 미래의 모습을 자유롭게 기록한다.

셋째, 미래의 성공한 어느 날의 하루(혹은 일주일)를 정한다. 상세하고 구체적으로 실제 일어난 것처럼 현재진행형으로 기록한다.

넷째, 미래에 자신이 성공한 모습을 보고 한 언론사에서 취재를 나왔다고 상상하고, 신문에 실릴 제목과 자신이 이룬 업적, 인터뷰할 때 의상 등을 구체적으로 작성한다. 집, 차, 직업, 명예, 업적, 성과 등을 구체적으로 담는다.

다섯째, 미래의 모습뿐만 아니라 느끼고 있는 감정이나 의미, 가치, 보람 등을 기록한다.

여섯째, 미래의 성공한 한 장면을 사진으로 찍어보자. 찍은 모습을 그림으로 표현한다.

○○○의 하고 싶은 목록 작성하기

목록

달성 시기

미래 일기

날짜 _____

이름 _____

우리는 지금까지 내가 원하는 미래의 모습을 그려보고 미래 일기를 작성했다. 원하는 모습을 이루는 데 중요한 한 가지는 멘탈 일기다. 자신이 경험한 감정과 사건, 욕구 및 기대, 감사 등을 떠올리고 멘탈 일기를 매일 작성하다 보면 어느새 목표지점에 도달해 있는 나를 발견할 수 있다.

멘탈 일기
1. 하루 동안 느꼈던 감정들은 어땠는가?
2. 그 감정을 촉발시킨 상황은 무엇인가?
3. 그 상황에서 나의 욕구 및 기대는 무엇이었는가?

4. 상황, 도전 등 오늘 나의 욕구는 어땠는가?

5. 그럼에도 불구하고 다행스러운 것은 무엇인가?

6. 오늘 감사한 것은 무엇인가?

7. 지금 느끼는 감정은 무엇인가?

소중한 나를 돕는
멘탈 코칭

01

긍정적 패러다임

멘탈의 스파크를 일으키기 위해서는 긍정적 사고가 중요하다. 노먼 빈센트 필(Norman Vincent Peale) 박사는 《긍정적 사고방식》이라는 저서에서 사람들은 미래의 결과와 사건들에 대해 긍정적으로 생각함으로써 그러한 결과를 얻을 수 있다고 했다. 긍정적 사고의 힘을 통해 자신감과 자신에 대한 믿음을 키울 수 있다. 긍정적 사고는 합리적 생각을 이끈다. 합리적인 생각은 논리적으로 모순이 없고, 경험적 현실과 일치한다. 또한 삶의 목적 달성에 도움이 된다. 그로 인해 적절한 정서와 적응적 행동에 영향을 준다.

하지만 비합리적 생각은 긍정적 사고와 반대로 논리적으로 모순이 많고, 삶의 목적 달성에 방해가 된다. 비합리적 생각은 경직된 당위성, 자기 비하, 과장성, 낮은 인내심 등으로 나타난다. 그리고 부적절한 정서와 부적응적 행동을 일으켜 인간이 지닌 잠재력을 실현하는 데 방해 요인으로 작용하기도 한다. 먼저, 부적응적 행동과 비합리적 생각을 바꾸기 위해서는 변화가 선행되어야 한다. 노인복지관에서 강의할 때 어르신들에게 질문했다. "사람은 변할까요? 변하지 않을까요?" 할머니 한 분이 일어나서 큰 소리로 말씀하셨다. "죽기 전 까지는 안 변해!" 할머니의 말씀처럼 사람들은 쉽게 변하지 않는다. 하지만 쉽게 변화하기도 한다. 긍정적 사고는 개선이 필요한 사고 과정을 검토하고 그 후에 사고 습관을 목표지향적이면서 긍정적으로 바꿔가는 과정이다. 이것이 바로 멘탈 코치가 긍정적 사고를 키워야 하는 이유다.

많은 사람들이 '~해야만 한다'라는 틀에 갇혀서 자신의 생각을 고정시킨다. 이렇게 고정된 생각들은 때로는 현실을 왜곡시키기도 한다. 예를 들어 '학생은 공부를 해야만 해', '남자는 가정을 책임져야 해', '선생님은 실수하면 안 돼' 같은 것들이다. 이러한 당위적인 생각은 비합리적 신념으로 이어져 원하는 목표를 이루는 데 방해가 된다. 비합리적인 신념이 많은 사람일수록 부정적 패러다임에 갇혀 있을 수 있다.

거울 앞에 한 마리의 사자가 서 있다. 사자는 거울에 비친 자신의 모습을 고양이라고 생각한다. 사자가 자신을 고양이라고 생각하는 한 사자는 고양이로 살 수밖에 없다. 자신이 가진 사자로서의 위엄과 힘의 가치를 제대로 바라보지도 못하고 사용할 수도 없을 것이다.

셀프 멘탈 코칭을 하기 위해서는 자신이 가지고 있는 당위적 사고를 점검하고 이상적 사고(긍정적 사고)로 전환할 필요가 있다.

예시 나의 당위적 사고(신념) 점검하기

사건	시험 성적이 떨어짐.
비합리적 생각	• 나는 바보 같아. • 나는 머리가 나쁜 것 같아.
당위적 사고 (신념) 찾기	• 시험은 반드시 잘 봐야 한다.
감정·반응 결과	• 짜증이 나고 화가 나서 소리를 질렀다.
긍정적 사고	• 성적이 떨어질 수도 있어! • 다음에 좀 더 노력하면 원하는 결과를 얻을 수 있을 거야!
감정·반응 결과	• 실망감이 들었지만 마음이 편안해졌다.

나의 당위적 사고(신념) 점검하기

사건	
비합리적 생각	
당위적 사고 (신념) 찾기	
감정·반응 결과	
긍정적 사고	
감정·반응 결과	

"더 나은 신념이 있다면 언제든지 바꿀 수 있어야 하고, 고정 관념에서 벗어나야 합리적인 신념을 가질 수 있다."

라이프 9보드

최근 훈련을 통해 뇌의 구조와 기능을 변화시킬 수 있다는 신경가소성에 대한 연구가 지속되고 있다. 연구자들에 의하면 개인의 특성과 재능에 실제 활용되는 타고난 유전자 사용 비율은 불과 7~9% 정도라고 한다. 다시 말하면, 우리의 능력의 90% 이상은 발현되지 못한다는 것이다.

그렇다면 발현되지 못하는 능력을 최대한 활용할 수 있는 가장 좋은 방법은 무엇일까? 바로 자신이 원하는 일에 몰두하는 것이다. 무언가에 몰두한다는 것이 말처럼 쉽지 않지만, 크고 간절한 목표가 있다면 몰두하는 것은 의외로 쉽다. 성공학의 대가로 불리는 밥 프록터(Bob Proctor)는 '현재 나는 어디에 있는가?', '나는 어디로 갈 것인가?'라는 두 가지 질문이 중요하다고 했다. 하지만 대부분의 사람들이 꾸는 꿈은 꿈으로만 그치는 경우가 많다. 그 이유는 명확하다.

첫째는 꿈에 대한 의미가 분명하지 않기 때문이다. 둘째는 분명한 꿈의 의미가 있어도 어떻게 이루어가는지 방법을 모르기 때문이다. 헤롤드 켈리(Harold Kelley)와 버나드 와이너(Bernard Weiner)의 '귀인이론'에 의하면 성공을 가로막는 요인의 80%가 내부 원인이라고 한다. 내부 원인은 한 사람의 개인 능력 수준, 판단 등이 포함된다. 반면 외부 원인은 운이나 타인의 능력 등을 포함하고 있다. 경영컨설턴트인 존 스비오클라(John Sviokla)와 미치 코헨(Mitch Cohen)은 사고습관이 성공을 좌우하는 요인이라고 했다.

〈도어 투 도어(Door to Door)〉의 실제 주인공인 빌 포터는 뇌성마비라는 선천적 장애를 가지고 태어났습니다. 그러나 그는 내부 자원을 활용해 장애를 극복하고 세일즈맨으로 성공했다고 합니다.
"제 어머니는 인내와 끈기를 가르쳐주셨습니다. 그리고 저를 부끄러워하지 않으셨지요."
빌 포터의 어머니는 그가 일하러 갈 때 도시락을 싸주셨습니다. 하루는 어머니가 싸주신 샌드위치 빵 위에 'Patience(인내)', 반대쪽 빵에는 'Persistence(끝까지 인내)'라는 문구가 써 있었다고 합니다. 이 문구는 그가 포기하지 않고 영업을 할 수 있는 힘이 되었습니다. 결국 그의 인내와 끈기, 책임감은 많은 사람이 그를 인정하게 만들었습니다. 빌 포터는 자신이 가지고 있는 내부 자원을 잘 활용해 다니던 회사 왓킨스사의 영업왕이 되었습니다.

당신이 정말 이루고자하는 것은 무엇인가?

그것을 위해 끌어내야 할 내부 자원은 무엇인가?

우리의 인생을 하나의 큰 게임이라고 상상해보자. 코칭과 리더십의 대가인 릭 탬린(Rick Tamlyn)과 로라 위트워스(Laura Whitworth)는 20년간 실제 기업현장을 토대로 내면의 잠재력을 일깨울 수 있는 비거게임을 개발했다. 비거게임은 9가지 핵심 질문으로 이루어져 있다. 핵심 질문에 답을 하다 보면 자신이 정말 원하는 것을 이루기 위해 몰두하게 된다. 이 책에서는 비거게임을 일반인들도 접근하기 쉽게 '라이프 9보드'라는 이름으로 바꿔서 사용하기로 한다. 라이프 9보드 질문에 맞춰 셀프 코칭을 해보자.

1. Hunger(갈망)	내가 진정으로 바라는 것은 무엇인가?
답	
2. Comfort Zone (안전지대)	바라는 것을 행하는 데 있어서 머물러 있게 하는 것은 무엇인가? 내 안에서 주저하고 있는 것은 무엇인가?
답	
3. Compelling Purpose (강력한 목적)	그럼에도 불구하고 내가 바라는 것을 왜 하려고 하는가? 그것이 내 삶에서 왜 중요한가?
답	
4. Gulp(창조적 긴장)	내가 바라는 것을 이룬 모습을 상상하면 어떤 기분이 드는가?
답	

5. Bold Action (담대한 행동)	내가 바라는 것을 이루기 위해 지금 당장 실행할 담대한 행동은 무엇인가?
🖹 답	

6. Assess(평가)	내가 바라는 것을 이루기 위해 나는 지금 무엇을 준비하고 있는가? 이런 나 자신에 대해 객관적으로 어떻게 평가하고 있는가?
🖹 답	

7. Investment(투자)	내가 바라는 것을 효과적으로 이루기 위해 무엇에 투자해야 하는가?
🖹 답	

8. Allies(협력자)	나에게 필요한 도움과 자원은 무엇인가?
🖹 답	

9. Sustainability (지속 능력)	인생의 큰 게임을 계속 유지시키고 발전시키기 위해 필요한 것이 무엇인가?
🖹 답	

출처 : 김현숙 저, 《비거 게임》

🖐 앞의 인생의 라이프 9보드를 작성해보고 난 후 정리된 생각은 무엇인가?

🖐 그리고 지금 기분은 어떤가?

😄 라이프 9보드로 강력한 목적을 발견한 자신에게 해주고 싶은 말은 무엇인가?

"우리가 느끼는 두려움은 대부분 머릿속에서 만들어낸 창작품이다. 그걸 깨닫지 못하는 것뿐이다. 걸음마를 배우는 아기를 보자. 아기가 단번에 성공할 거라 믿는가? 다시 서보고, 그러다 또 쿵하고 넘어지곤 한다. 아기는 평균 2,000번을 넘어져야 비로소 걷는 법을 배운다."

– 로랑 구넬(Laurent Gounelle)

마음소리에 집중하라

21세기를 대표하는 영적 교사 중 하나인 에크하르트 톨레(Eckhart Tolle)는 "에고(Ego, 자아)는 오랫동안 조건 지어진 마음의 방식이며 원하는 목표를 달성하는 데 방해하는 주요 요소"라고 했다. 자신의 성장을 방해하는 에고로부터 자유로워지기 위해 필요한 것은 에고를 알아차리는 것이다. 톨레는 자신을 비난, 평가, 한계 짓는 마음에서 들려오는 모든 소리를 에고의 목소리라고 했다. 에고의 목소리는 자신이 원하는 삶을 살아가는 것을 방해한다.

충분한 스펙과 역량을 갖춘 회사에 취업하고 싶은 청년이 있다. 주변 사람들은 당연히 취업에는 아무런 문제가 없을 거라며 내심 그를 부러워했다. 하지만 청년은 '이번에 또 떨어지면 어떡하지?', '자신이 없어, 나는 아직 준비가 안 되어 있어…'와 같은 마음속에서 들려오는 소리에 사로잡혀 면접을 볼 때마다 긴장과 불안감을 느꼈고, 번번히 면접에서 실패했다. 이러한 마음에서 들려오는 에고의 목소리로부터 자유로워지기 위해서는 마음의 소리(에고)에 귀를 귀울이고 잘 듣는 것이 중요하다. 하지만 많은 사람들이 마음의 소리를 간과하거나 부정적인 목소리를 편향적으로 듣는 경향이 있다.

청년이 취업을 잘하기 위해서는 편향적으로 들려오는 소리 이면의 욕구를 알아차리는 게 중요하다. 청년의 마음에서 들려오는 부정적인 에고의 목소리는 원하는 목표를 이루는 데 아주 큰 방해물이다.

청년이 진정으로 원하는 욕구는 무엇이었을까? 아마도 성공, 취업일 것이다. 부정적인 에고의 목소리가 들려왔을 때 자신의 욕구를 알아차리기 위해 내면에서 진짜 원하는 목소리를 경청했다면 결과는 달라지지 않았을까?

히어링과 리스닝

마음의 소리를 잘 듣기 위해서는 경청에 대한 올바른 이해가 필요하다. 경청은 외적 경청과 내적 경청으로 나뉜다. 외적 경청은 상대방의 이야기를 잘 듣고 있다는 것을 느끼게 해주는 것으로 상대방의 눈을 바라보면서 상대방과 비슷한 자세와 태도를 취하며, 호흡이나 음조에 맞추어 반응해주는 것이다. 내적 경청은 일반적으로 공감 경청이라고 한다. 공감 경청은 상대방이 말하지 않은 감정, 욕구 등을 알아차려주는 것을 말한다. 태도적인 면에서 외적 경청도 중요하지만, 내적 경청 즉, 공감 경청이 이루어졌을 때 상대방의 언어적 표현 이면에 자리한 감정과 욕구, 그리고 바람을 이해하고 공감할 수 있다. 따라서 공감 경청은 내가 함께하고 있음을 표현하는 것이다.

나의 현재 경청 수준은 어떠한가 점검해보자.

1 - 그런 경우가 결코 없다	2 - 그렇지 않다	3 - 가끔 그렇다
4 - 그렇다	5 - 매우 그렇다	

문항	1	2	3	4	5
1. 나는 듣는 것보다 말하는 것을 좋아해서 상대방 이야기를 가로막는 일이 있다.					
2. 나는 상대방이 말할 때 사용하는 비언어적 표현에는 별로 주의를 기울이지 않는다.					
3. 나는 말을 통해 상대방의 수준을 나름 평가하는 경향이 있다.					
4. 나는 상대방의 이야기를 지레짐작으로 잘못 들은 일이 있다.					
5. 나는 상대방의 감정을 파악하는 데 서투르거나 관심이 없다.					
6. 나는 상대방의 말을 들으면서 자신이 할 질문을 생각한다.					
7. 나는 상대방이 부딪힌 문제를 들으면 해결책부터 제시한다.					
8. 나는 나와 생각이 다르다고 판단되면 충고, 제안부터 한다.					
9. 나는 말을 들으면서 듣는 내 태도에는 별로 신경 쓰지 않는다.					
10. 나는 상대방의 이야기에 대해 더 알고 싶거나 불명확한 점이 있어도 질문하지 않고 넘어간다.					

출처 : 리더십코칭센터(임파워리코칭)

문항의 점수를 계산해보고, 나는 경청을 잘하고 있는지 살펴보자.

> 20점 이하 : 상대방의 이야기에 귀를 기울이고 내면의 욕구를 알아차리는 사람
>
> 20~30점 : 상대방의 이야기를 잘 듣고 배려하는 사람
>
> 30~40점 : 일반적인 사람
>
> 40~50점 : 상대방과 이야기할 때 소통이 잘 안 되는 사람

경청 점수가 40~50점이라면 상대의 말을 무시하거나 듣는 척하는 단계에 속한다고 할 수 있다. 이 단계에 속한 사람들은 상대방의 이야기뿐만 아니라 자신의 마음의 소리도 무시하거나 알아차리지 못할 가능성이 높다. 에크하르트 톨레가 이야기하는 마음의 소리(에고)를 전혀 듣지 못한다고 볼 수 있다.

30~40점인 사람들은 일반적인 사람의 경청 수준으로 자신의 입장에서 듣고 싶은 것이나 자신에게 유리한 쪽으로 듣는 경향이 있다. 이 단계에 속한 사람들은 마음의 소리(에고)에 귀를 기울이지 않으며 자신에게 익숙하고 편한 것만 선택적으로 취한다.

20~30점에 있는 사람들은 상대방이 하는 이야기를 적극적으로 듣는다. 이 단계에 속한 사람들은 상대방이 하는 이야기를 잘 듣기 위해 외적 경청을 잘한다는 특징이 있다.

20점 이하에 속한 사람들은 공감적 경청을 하는 사람들로 적극적 경청과 함께 상대방이 이야기하지 않은 감정, 욕구 등을 알아차리려고 노력한다. 이 단계에 속한 사람들은 마음의 소리(에고)에 귀를 기울이고 현재(Here And Now)에 집중한다.

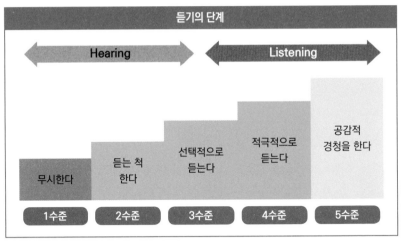

출처 : 박창규,《임파워링하라》

자신의 경청 수준을 점검해보았다면, 이제부터 셀프 경청, 즉 내 마음의 소리를 들어보자! 마음의 소리(셀프 경청)는 자신이 처한 상황이나 어떤 목표 앞에서 현재 감정이 어떤지, 그리고 그 감정을 일으키는 욕구와 의도가 무엇인지 듣는 것이다.

어떤 사건이나 상황에 처했을 때, 우리의 내면에서 종종 들려오는 소리가 있다. 이 소리는 우리가 원하는 것들을 이루지 못하도록 방해하기도 한다. 이때 들려오는 소리는 부정적인 소리일 가능성이 높다. 그러나 고민이나 갈등에서 오는 부정적인 감정은 외부의 자극에서 오는 것이 아니라 결국 내 마음속에서 미 충족된 욕구 때문이다. 이 순간 느껴지는 욕구와 감정은 처리해야 하는 것이 아니라 그대로 바라봐야 한다. 하지만 많은 사람들이 처리하거나 해결하기 위해 애쓴다.

셀프 멘탈을 강화시키기 위해서는 욕구와 감정을 있는 그대로 바라보고 그 순간 일어나는 감정, 욕구를 알아차리고 자신이 진정으로 무엇을 바라고 원하는지를 듣는 것이 중요하다.

멘탈 바로잡기

강한 멘탈을 가지는 데 있어서 방해가 되는 가장 큰 요인은 내면에서 들려오는 부정적인 목소리다. 우리는 성장 과정에서 부모, 선생님, 친구, 주양 육자로부터 다양한 피드백을 들었다. 피드백은 긍정적 피드백과 부정적 피드백으로 나뉜다.

부정적 피드백은 외부로부터 들어온 자극이 충족되지 못한 개인의 욕구와 관련이 있다. 예를 들어, 어떤 일을 시작하기 전에 '나는 할 수 없어', '실패하면 어떡하지', '귀찮아' 등과 같은 내면의 소리가 들린다면, 성장 과정에서 들었던 '넌 이것도 못해!', '좀 더 잘해야 해' 등과 같은 피드백이 부정적 자아 형성에 영향을 주었을 것이다.

충족되지 못한 개인의 욕구는 자신이 원하는 일을 하고자 할 때 부정적 감정을 일으킨다. 이때 부정적 감정은 강한 감정으로 외부의 자극에 대해 자신의 욕구가 충족되면 긍정적으로 작용하지만 욕구가 충족되지 않으면 부정적으로 작용한다. 이러한 부정 감정은 '해마'라는 장기 기억장치에 저장된다. 이렇게 저장된 부정 감정이 '난 할 수 없어'와 같은 내면의 소리를 만든다.

어떤 자극이 들어왔을 때, 즉각적으로 반응하는 사람은 자신의 욕구에 솔직하지 못하고 알아차리지 못한다. 이와 같은 상황에서 진짜 욕구를 알아차리지 못한 채 내면에서 들려오는 마음의 소리를 무시하거나 선택적으로 듣게 되면 후회하는 일이 발생한다.

이와 관련해 스티븐 코비 박사는 《성공하는 사람들의 7가지 습관》에서 자극과 반응 사이에 공간이 있다고 이야기하고 있다. 외부에서 자극이 들어왔을 때 공간을 활용하지 못하는 사람은 자극에 대해 참지 못하고 즉각적으로 반응한다. 그러나 멘탈이 강한 사람은 외부 자극에 대해 즉각적인 반응을 하는 것이 아니라 자신의 욕구를 알아차리고, 공간을 활용해 선택할 수 있는 힘을 가지고 있다. 자극에 반응하는 책임은 자신이다. 즉, 자극과 반응 사이의 공간을 어떻게 활용하고 선택하느냐는 자신의 몫인 것이다. 그리고 그 공간에 대한 책임은 나 자신에게 있다.

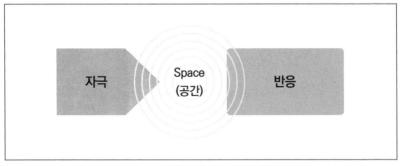

출처 : 스티븐 코비, 《성공하는 사람들의 7가지 습관》

다음 질문에 답해보자.

📝 현재 나를 자극하는 것들(상황)은 무엇인가?

📝 자극에 나는 어떻게 반응하는가?

📝 자극에 반응하는 나의 모습이나 태도의 예상되는 결과는 무엇인가?

📝 반응하기 전 공간을 활용한다면 무엇이 달라져 있을까?

04

감정·욕구·마음소리

"당신이 무엇을 말하고, 어떤 일을 하고, 어떤 얼굴을 세상에
보여주려고 하든 관계 없이, 당신의 마음 상태와 감정 상태를 숨
길 수는 없다."

- 에크하르트 톨레,《삶으로 다시 떠오르기》-

멘탈 지수를 높이기 위해서는 마음에서 들려오는 소리와 피드백에
집중할 필요가 있다.《이너게임》의 저자 티머시·골웨이(Timothy Gallwey)
는 자신이 이루고자 하는 목표 앞에서 어려움에 직면했을 때 자신의 체
험을 통해 배우는 내적 역량을 믿어주었을 때 놀랄 만한 긍정적인 변화
가 일어난다고 했다.

티머시 골웨이는 우리 안에 Self-1, Self-2의 자아가 있다고 한다.
Self-1은 자신이 무엇인가를 잘못하거나 실수하는 상황에서 스스로를

비난하는 자아다. Self-2는 그런 상황에서 자신의 능력을 믿고 자신의 힘을 발휘하게 하는 자아다. 마음소리는 Self-1과 Self-2(내면의 소리)를 스스로 알아차릴 수 있도록 돕는다.

'마음소리카드'를 개발하는 과정에서 저자들은 내면의 소리를 듣기 위해 노력했다. 카드를 개발하고 이를 증명하기 위해 실제 코칭 및 상담 과정에서 '마음소리카드'를 활용했다.

중견기업에 다니는 최 과장은 자신의 업무가 밀려 있는 상황에서도 자신의 부서뿐만 아니라 타 부서 직원의 도와달라는 요청을 거절하지 못해 코칭을 받게 되었다. 다른 사람의 업무를 처리하다 보니 매일같이 회사 업무를 집에 가져오는 일이 많았다. 이로 인해 잠이 부족하고, 다음 날 아침이면 원인 모를 두통이 최 과장을 괴롭혔다. 코칭하는 과정에서 거절하지 못하는 최 과장의 마음의 소리를 들어보기로 했다. 거절하지 못하는 자신에 대한 감정, 욕구를 탐색하고 마음에서 들려오는 소리를 들었다. 마음에서 들려오는 소리는 '나는 거절하지 못해. 거절하면 나를 인정해주지 않을 거야' 하는 소리였다. 이 과정에서 '마음소리카드'의 효과성에 대한 확신이 들었다.

마음소리

다음 마음소리 질문에 순서대로 답을 작성해보자.

마음소리 질문

1. 지금 처한 상황은 어떤 상황인가?(도전 or 성취)

_____

_____

_____

_____

_____

_____

_____

2. 그 상황에서 느끼는 감정은 어떤 감정인가?

_____

_____

_____

_____

_____

_____

_____

_____

3. 감정 속에 숨어 있는 욕구는 무엇인가?

4. 욕구를 알아차리고 나니 어떤 느낌이 드는가?

5. 지금 내 마음에서는 어떤 소리가 들리는가?

6. 충족되거나 충족되지 못한 욕구는 무엇인가?

(타인과 관련된 상황일 경우 – 처한 상황에서 상대방은 어떤 감정을 느낄까? 상대방은 어떤 욕구를 가지고 있을까? 상대방의 마음소리는 어떤 소리일까?)

그럼에도 불구하고....

---

7. 부정적인 마음의 소리를 잠시 멈추어보자(STOP).

---

8. 심장에 집중해 호흡해보자(THINK).

---

9. 지금은 그 상황이 어떻게 보이는가?

_____

_____

_____

_____

_____

_____

10. 상황(목표)을 해결하기 위해서 어떤 행동을 해보겠는가?(CHOOSE)

_____

_____

_____

_____

_____

_____

11. 그 행동을 했을 때 예상되는 결과는 무엇인가?

_____

_____

_____

_____

_____

_____

12. 원하는 결과를 얻었을 때, 당신의 삶에 어떠한 영향을 미칠까?

13. 그럼에도 불구하고, 행동하는 데 예상되는 어려움이 있다면 무엇인가?

14. 어려움을 극복할 수 있는 방법을 찾아본다면 무엇인가?

15. 지금 느껴지는 감정은 무엇인가?

16. 지금 나에게 어떤 말을 해주고 싶은가?

마음소리카드 소개

감정 단어

걱정돼	곤란해	괘씸해	괴로워	귀찮아
난처해	답답해	두려워	마음이 아파	가여워
궁금해	긴장돼	간절해	감격스러워	감사해
고마워	기뻐	놀라워	막막해	못마땅해
무서워	무안해	분해	불안해	불만족스러워
불쾌해	불편해	당황스러워	미안해	든든해
만족해	믿음직스러워	반가워	서러워	서운해
섭섭해	속상해	슬퍼	실망스러워	약 올라
얄미워	뿌듯해	민망해	부끄러워	불쌍해
사랑스러워	상쾌해	설레	시원해	신나
안심돼	어색해	어이없어	억울해	우울해
원망스러워	원통해	다행스러워	질투 나	안타까워
유쾌해	자랑스러워	재밌어	즐거워	짜릿해
지루해	짜증 나	창피해	허무해	허전해
혼란스러워	화가 나	힘들어	흥분돼	측은해
후회스러워	통쾌해	행복해	홀가분해	후련해
흐뭇해	만족스러워	무시당했어	피곤해	부러워

욕구 단어				
기여	능력	도전	명료함	용기
깨달음	중요성	참여	회복	효능감
희망	진실	성실성	존재감	자기 존중
비전	꿈	아름다움	평탄함	홀가분함
여유	평등	조화	질서	평화
영성	성취	배움	성장	창조성
치유	전문성	목표	가르침	알아차림
자기 표현	즐거움	유머	친밀한 관계	유대감
소통	배려	존중	공감	이해
수용	지지	협력	도움	감사
인정	사랑	애정	관심	호감
우정	나눔	소속감	위로	신뢰
확신	정서적 안전	일관성	안정성	정직
여행	수면	휴식	안전	신체적 접촉 (스킨십)
성공	따뜻함	부드러움	편안함	돌봄을 받음
보호를 받음	지혜	애착 형성	자유	혼자만의 시간
명예	자기 개발	만족감	의식주	균형

마음소리 단어				
할 수 있겠어?	자신 없어	두려워	다음에 하자	나는 혼자잖아
돈이 없어	전문가가 아니야	힘들잖아	후회하면 어떡하지	한 번도 안 해봤어
지금 안 해도 돼	서두르지 않아도 돼	실패하면 어떡하지	성공할 수 있을까	도와줄 사람이 없어
혼란스러워	대신해주면 좋겠어	이 정도면 충분해	날 이용하면 어떡하지	눈치 보여
비교가 돼	나는 왜 이러지	부럽다	언제까지 이렇게 살아야 해	나는 재능이 없어
나는 능력이 없어	나는 운이 없어	그만하고 싶어	이대로 살자	내가 달라질 수 있을까
힘들면 어떡하지	나는 용기가 없어	나는 자유롭지 않아	나한텐 결정권이 없어	선택하기 어려워
이것도 핑계일지 몰라	혼자만의 시간이 필요해	보호받고 싶어	인정받지 못하면 어떡하지	해도 안 돼
내 마음대로 안 돼	내 외모가 만족스럽지 않아	날씬해지고 싶어	내 모습이 만족스럽지 않아	나는 내가 싫어
나는 내가 마음에 안 들어	나는 인맥이 없어	이익이 없어	거절하는 게 힘들어	내 마음을 알아주는 사람이 없어
나는 인복이 없어	아무것도 하고 싶지 않아	시간이 부족해	어떻게든 되겠지	인생 뭐 있어
무엇부터 해야 할지 모르겠어	하기 싫어	이런 내 모습이 싫어	너무 막막해	한번 해보자
자신 있어	잘할 수 있을 거야	두려워 하지마	실패해도 괜찮아	내가 자랑스러워
용기를 내보자	나는 성공의 경험이 있잖아	극복할 수 있어	지금부터 하면 돼	힘내보자
집중해보자	즐겨보자	이 또한 지나갈 거야	지금이 기회야	나는 나를 믿어
먼저 손 내밀어보자	일단 해보자	충분히 잘하고 있어	나는 소중해	

출처 : 마음소리카드(한미옥, 박은선, 최희순)

마음소리카드로 들어본 최 과장의 마음의 소리는 '거절하면 안 돼', '두려워', '눈치 보여', '나를 무시하면 어떡하지?', '내가 거절하면 나를 인정해주지 않을 거야'였다. 거절하지 못하게 하는 마음소리를 들을 때 느꼈던 감정은 '두려움', '짜증', '무능함', '불편함', '속상함', '우울함' 등이었다. 최 과장의 욕구는 '신뢰', '인정', '격려', '고맙다는 인사', '나만의 시간을 갖고 싶다' 같은 것이었다. 자신의 감정, 욕구, 마음의 소리를 알아차리고 났을 때 최 과장의 첫 마디는 "아! 제 두통의 원인을 알았어요"였다.

마음소리카드는 개인이 처한 상황이나 목표 앞에서 느끼는 감정, 욕구를 탐색하고, 이 상황에서 들려오는 마음소리를 알아차리게 함으로써 긍정적인 결과를 가져온다. 마음소리카드를 사용했을 때 고객(내담자)들의 만족도가 높았으며 변화하는 속도가 상당히 빠름을 알 수 있었다. 그래서 저자들이 활용했던 마음소리카드를 소개한다.

마음소리카드는 개인이 원하는 삶을 살아가는 데 있어서 내면의 감정, 욕구, 마음에서 들려오는 소리를 들어봄으로써 궁극적인 목표를 이루도록 돕는 소통 카드다. 마음소리카드는 감정, 욕구, 마음소리로 구성되어 있으며 감정 카드는 나를 움직이게 하는 에너지인 감정을 알아차리고 원하는 방향으로 나아가도록 돕는다. 욕구 카드는 성장하고 싶은 개인과 조직의 욕구를 알아차리도록 돕는다. 마음소리카드는 자신이 원하는 목표와 삶을 살지 못하도록 방해하는 목소리(에고)를 발견하고 행복한 삶을 살아가도록 돕는다.

마음신호등

브레이크   엑셀

운전을 하고 있는 상황에서 노란 신호등이 깜박이면 어떤 행동을 취하는가? 노란 신호등이 깜박일 때 엑셀을 밟는 사람도 있고, 그 순간 멈추는 사람도 있을 것이다. 옳고 그름을 말하고자 하는 게 아니다. 멈춰야 할 순간에 멈추지 않으면 자칫 큰 사고로 이어질 수도 있다는 이야기다.

감정도 자동차와 같이 엑셀과 브레이크가 있다. 격한 기쁨, 강한 분노와 같은 감정이 느껴질 때는 빨간 신호등이 켜진다. 이러한 감정이 느껴질 때 엑셀을 밟는다면 원하지 않았던 결과를 초래하기도 한다. 특히 분노와 같은 부정적 감정에서 엑셀을 밟으면 나와 타인에게 상처를 줄 수 있다. 이를 보완하는 것이 노란 신호등이다. 노란불이 깜박일 때 위험이 감지된다면 멈춰야만 한다. 급하다고 엑셀을 밟으면 사고로 이어질 수 있다. 초록 신호등은 목적지에 안전하게 도착할 수 있도록 하는 표지판이다. 아들러(Alfred Adler)는 생활 양식에서 근본적 행동 패턴을 찾고, 같은 행동의 반복을 벗어나기 위해 신호등을 켜라고 이야기한다.

멘탈 코치는 마음의 신호등을 관리할 필요가 있다. 마음의 빨간 신호등이 켜졌을 때 멈추고, 노란 신호등을 작동시키면서 감정을 알아차려보자. 잠시 멈추어서 호흡을 하며 긍정적인 초록 신호등을 작동시키자.

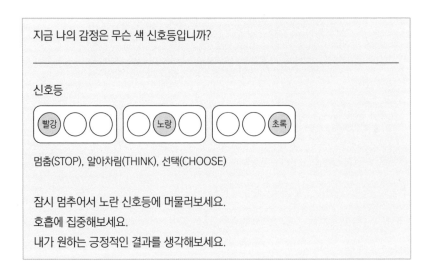

지금 나의 감정은 무슨 색 신호등입니까?

신호등

| 빨강 | ○ | ○ | ○ | 노랑 | ○ | ○ | ○ | 초록 |

멈춤(STOP), 알아차림(THINK), 선택(CHOOSE)

잠시 멈추어서 노란 신호등에 머물러보세요.
호흡에 집중해보세요.
내가 원하는 긍정적인 결과를 생각해보세요.

MENTAL
COACHING

더 단단한 삶
더 빛나는 삶

셀프 멘탈력 기르기

"할 수 있다고 믿는 사람은 결국 그렇게 된다."

- 샤를 드골(Charles De Gaulle) -

2016년 리우 올림픽 펜싱 경기가 생중계로 펼쳐졌던 장면을 우리는 기억하고 있다. 역전을 해야만 우승할 수 있는 상황에서 박상영 선수는 무언가를 계속 중얼거리고 있었다. "할 수 있다. 그래, 나는 할 수 있다!"의 자기 암시와 같은 말을 온 국민은 들을 수 있었다. 박상영 선수의 이 말은 결국 역전을 불러왔고, 우승이라는 값진 결과를 이루어 냈다.

정신분석학을 창시한 지그문트 프로이트(Sigmund Freud)는 잠재의식에 대해 사람의 의식 아래에 존재하는 일종의 감춰져 있는 신비한 힘이라고 설명한다. 이는 신비한 힘(긍정적인 잠재의식)으로 무궁한 힘이 있고, 마음속 깊은 곳에 숨어 기적을 만들어낼 수 있음을 의미한다. 이런 무궁한 힘과 신비한 기적을 만들어내는 잠재의식 속 자기암시들은 일상 생활 중 자주 볼 수 있는 현상이며, 우리의 생활 속에서 영향을 미치는 정도는 모두 다르다. 개인에 따라 적극적일 수도 있고 소극적일 수도 있으며 그에 따른 결과는 긍정적일 수도 부정적일 수도 있다.

한 예로 하는 일이 어렵다고 생각하고 '실수만 없이 지나가라'라는 태도로 임하게 되면 결국에는 '일을 잘하지 못할 거야. 안 될 거야'라는 부정적인 자기 암시를 하기 때문에 그 일을 해내지 못할 것이다. 따라서 '나는 할 수 있어. 내가 할 수 있는 간단한 일이야'라고 스스로에게 적극적이고 긍정적인 자기 암시를 주는 것이 중요하다.

일상 생활이나 사회 생활 전반에 걸쳐서 우리는 부정적인 영향을 끼치는 일은 되도록 생각하지 않으려고 노력하고, 적극적이면서 긍정적이며 끊임없이 기대와 희망에 가득 찬 자신만의 암시로 잠재의식과 이야기할 필요성이 있다.

지금 나의 상태는 어떠한가?

➡ 너무 떨려서 불안하다.

내가 원하는 상태는 무엇인가?

➡ 긴장을 버리고 편안한 마음을 갖고 싶다.

원하는 상태를 위해서 지금 내가 바로 할 수 있는 것은 무엇인가?

➡ 복식 호흡을 3번 하고 나에게 마음속으로 긍정적인 응원의 메시지를 외쳐준다.

스스로 작성해보는 셀프 토크

지금 나의 상태는 어떠한가?

➡ _____

_____

_____

_____

내가 원하는 상태는 무엇인가?

➡ _____

_____

_____

원하는 상태를 위해서 지금 내가 바로 할 수 있는 것은 무엇인가?

➡ _____

_____

_____

_____

셀프 멘탈력 기르기

셀프 토크를 해보니 기분은 어떤가? 멘탈 코치 전문가가 되기 위해 셀프 멘탈 성장과 셀프 멘탈력 기르기의 예시를 참고해 작성해보자.

셀프 멘탈력 기르기(예시)

이름 :   작성일 :   년   월   일

※ 내가 원하는 목적을 이루기 위한 이상적인 미래 점수에 ◯ 표시, 현재는 내가 생각하는 현재 수준을
   ◯ 표시, 실행할 것에는 차이 점수(미래-현재)를 줄이기 위한 실행 목표 쓰기

셀프 멘탈 질문 보완점 1

		아주 낮음 ←──────────→ 아주 높음										점수 차 (미래-현재)
복식호흡	미래	1	2	3	4	5	6	7	8	⑨	10	6
	현재	1	2	③	4	5	6	7	8	9	10	

점수 차를 줄이기 위한 실행 과제

1. 매일매일 잠들기 30분 전 누워서 복식호흡 10회 하기

2. 보행 시 들숨, 날숨 연습하기

3. 평소에 긴장을 인지할 때 복식호흡 3회 하기

셀프 멘탈 질문 보완점 2

복식호흡		아주 낮음 ←								→ 아주 높음	점수 차 (미래-현재)
	미래	1	2	3	4	5	6	7	8	9	⑩	8
	현재	1	②	3	4	5	6	7	8	9	10	

점수 차를 줄이기 위한 실행 과제

1. 기상 시 "나는 운이 참 좋아" 등과 같은 긍정 메시지 크게 말하기

2. 매일 감사 일기 작성하기

3. 평소에 긴장을 인지할 때 스스로 "괜찮아" 말하며 토닥여주기

이름 :   작성일 :   년   월   일

※ 내가 원하는 목적을 이루기 위한 이상적인 미래 점수에 ◯ 표시, 현재는 내가 생각하는 현재 수준을
  ◯ 표시, 실행할 것에는 차이 점수(미래-현재)를 줄이기 위한 실행 목표 쓰기

셀프 멘탈 질문 보완점 1

		아주 낮음 ←──────────────→ 아주 높음										점수 차 (미래-현재)
복식호흡	미래	1	2	3	4	5	6	7	8	9	10	
	현재	1	2	3	4	5	6	7	8	9	10	

점수 차를 줄이기 위한 실행 과제

1.

2.

3.

셀프 멘탈 질문 보완점 2

		아주 낮음 ←──────────────→ 아주 높음										점수 차 (미래-현재)
복식호흡	미래	1	2	3	4	5	6	7	8	9	10	
	현재	1	2	3	4	5	6	7	8	9	10	

점수 차를 줄이기 위한 실행 과제

1.

2.

3.

마스터 멘탈 코칭

헬렌 켈러(Helen Keller)는 "인생은 대담한 모험이다"라고 말했다. 삶의 모험을 즐기기 위해 우리는 삶의 목적을 등대로 삼고, 또는 인생에서 가장 중요한 것을 이루는 과정에서 스스로에게 던지는 질문은 매우 의미가 있다. 경영의 대가인 피터 드러커(Peter Drucker)는 다섯 가지 질문을 개인의 삶에서 꼭 활용하고 던지며 살아가라고 했다.

What, Why, How의 질문

1. 나의 사명은 무엇인가?

이 질문에는 나는 누구인가? 내가 중요하게 여기는 가치는 무엇인가? 내가 인생에서 성취하고자 하는 목표는 무엇인가? 나는 주변 사람들을 어떻게 대하고 어떤 대접을 받고 싶은가? 내 인생에서의 목적은 무엇인가가 모두 포함되어 있다. 이 질문들에 곰곰이 생각하고 답을 작성해나가다 보면 자신의 사명을 발견하게 될 것이다. 사명은 나의 정체성을 확인해주는 것은 물론, 내 인생의 나침반 역할을 한다.

2. 내가 이어가고 유지하고 싶은 인간관계는 무엇인가?

내가 이어가고 싶은 인간관계는 나와 관심, 취미 등 자신이 추구하는 가치를 공유하는가? 결국 내가 함께하는 사람들이 나의 에너지를 채워주고, 삶의 의욕을 자극시키며, 동기부여가 되는지 알 수 있다.

3. 나와 가장 가까운 가족, 친구, 동료들의 우선순위와 목표는 무엇인가?

이 질문은 나와 가장 가까운 사람들이 중요하게 여기는 것이나 소중하게 여기는 부분이 무엇인지 알고 있는가를 묻고 있다.

4. 나는 나의 주변 사람들에게 무엇을 기대하는가?

나의 가족, 친구, 동료들이 나에게 무엇을 기대하는지 알고 있는가? 만약 모른다면 그들에게 무엇이 필요한지 물어본 적이 있는지를 물어보고, 확인해볼 필요가 있다.

5. 나의 단기적, 중기적, 장기적 계획은 무엇인가?

중장기적인 계획을 적어봄으로써 미래의 모습을 설계할 수 있고, 자신이 원하는 모습을 이루기 위해 노력하게 된다.

스스로에게 이 5가지 질문을 던지며 살아가다 보면 내 인생을 검토하는 가장 중요한 시간들이 될 것이다. 이것이 바로 '질문의 힘'이다. 이렇게 5가지 질문에 대해 스스로 답을 찾아가보았다면 이번에는 다음의 셀프 코칭 질문에 답해보길 바란다. 나를 구체적으로 알아가고 내 목표를 뚜렷하게 만들어가는 데 도움이 될 것이다.

What, Why, How 질문지

1. 내가 이루고자 하는 목적은 무엇인가?

2. 내가 정말 원하는 것은 무엇인가?

3. 현재 내가 처한 상황은 어떤가?

4. 그 상황에 대한 나의 느낌은 어떤가?

5. 그 목적을 이루는 데 있어서 장애물이 있다면 무엇인가?

6. 그럼에도 불구하고, 그 목적이 당신에게 중요한 이유는 무엇인가?

7. 장애물을 극복하기 위한 멘탈력 항목에서 보완해야 할 것은 무엇일까? 생각나는 대로 적어보자.

8. 보완이 되었다면, 내 목적은 어느 정도까지 가까워져 있을까?

9. 지금부터 내 목적이 이루어진 모습을 상상해보자!

10. 어떤 모습인가? 주변의 상황은 어떤가? 어떤 소리가 들리는가? 무엇이 느껴지나? 충분히 느껴
    보고, 내 표정과 몸짓, 감각을 그대로 온 몸에 저장해보자. 호흡을 세 번 정도하고, 눈을 뜨자!

11. 목적을 이루기 위해 스스로에게 응원의 메시지를 건넨다면?

SWOT 기법

개인이 원하는 것을 이루기 위해 자기 자신에 대한 분석 과정이 필요하다. 기업에서 활용하고 있는 SWOT 분석에 의하면 강점, 약점, 기회 요인, 위협 요인을 제대로 분석했을 때 성과를 낼 수 있는 확률이 높아진다.

'SWOT'이란 기업 내부 환경과 외부 환경, 각각의 요소를 바탕으로 현황을 분석하는 틀이다. SWOT 분석은 Strength(강점), Weakness(약점), Opportunity(기회), Threat(위기)에서 나온 명칭이다.

SWOT 분석은 자신의 내부와 외부의 긍정적·부정적 요인을 분석하고 강점이나 기회를 강화시켜 약점이나 위협 요인을 수정 및 보완해 이루고자 하는 성과를 낼 수 있도록 돕는다.

Strength(강점)	내부 요인/긍정적 요인
Weakness(약점)	내부 요인/부정적 요인
Opportunity(기회)	외부 요인/긍정적 요인
Threat(위협)	외부 요인/부정적 요인

SWOT 분석으로 자신의 강점, 약점, 그리고 개인이 처한 외부 환경으로부터 존재하는 기회와 위협 요인을 떠올려보자.

S(강점) 나의 강점은 무엇인가?	W(약점) 나의 약점은 무엇인가?
★ ★ ★	▶ ▶ ▶
O(기회) 나에게 주어진 환경은 어떠한가?	T(위협) 외부적으로 방해하는 요인은 무엇인가?
◆ ◆ ◆	■ ■ ■

자신이 원하는 목표를 위해 다음과 같은 SWOT 분석을 해보자.

내부 요인 외부 요인	Strength(강점)	Weakness(약점)
Opportunity (기회)	SO : 자신의 목표를 이루기 위해 사용할 강점 및 자원은 무엇인가?	WO : 자신의 약점은 무엇인가? 약점을 극복하기 위한 자원은 무엇인가?
Threat (위기)	ST : 위협 요인을 최소화하기 위해 사용할 강점은 무엇인가?	WT : 위협 요인을 제거하고 약점을 최소화할 것은 무엇인가?

'SWOT 분석'을 하고 난 후의 느낌은 어떠한가?

내 삶의 가치 여행

미국의 달러 지폐 종류의 앞면은 대부분 대통령인 경우가 많다. 하지만 100달러 지폐 앞면에는 대통령이 아닌 인물이 도안으로 채택되어 있다. 비록 대통령은 아니었지만 미국인들이 닮고 싶은 인물 중 하나로, 대통령만큼 인지도 있는 인물이기도 하다. 바로 벤자민 프랭클린(Benjamin Franklin)이다. 그는 미국 '건국의 아버지'라 불리며 과학자이자 정치가, 사업가로 활동했고, 미국인들의 존경을 받았다. 벤자민 플랭클린은 22세였을 때, 도덕적 완전함에 이르고 싶다는 신념으로 13가지 지배적인 가치들을 정하고 그것을 지키기 위해 매일 노력했다. 그가 정한 가치는 절제, 침묵, 질서, 결단, 절약, 근면, 성실, 정의, 중용, 청결, 평정, 순결, 겸손이다. 그는 한 주에 한 가지씩 가치를 실천하기로 작정하고, 평소 13가지 가치 덕목이 적힌 수첩을 매일 들고 다니며 노력했다고 한다. 50년이 지난 후 그는 자서전에서 자신을 다음과 같이 평가하고 있다.

> "나는 완전함에 이르는 데는 실패했다. 그러나 평생에 걸친
> 노력으로 인해 좀 더 나은 그리고 더 행복한 사람이 될 수 있었
> 다."

벤자민 플랭클린은 가치를 실현하기 위해 다음과 같이 각 덕목마다 구체적인 실천 전략을 세웠다(출처 - 《벤자민 플랭클린 자서전》).

절제 : 배부르도록 먹지 마라. 취하도록 마시지 마라.
침묵 : 다른 사람이나 자신에게 유익하다고 생각되지 않는 것은 말하지 마라. 쓸데없는 대화를 멀리하라.
질서 : 모든 것을 제자리에 두도록 하라. 모든 일을 부문별로 나누고 시간을 정해두고 하라.
결단 : 해야 할 일은 반드시 하겠다고 결심하라. 결심한 것을 반드시 행하라.
절약 : 다른 사람이나 자신에게 도움이 되는 것 외에는 돈을 쓰지 마라.
근면 : 시간을 헛되이 보내지 마라. 유익한 일을 하는 데 시간을 쓰고, 불필요한 행동을 멀리하라.
성실 : 다른 사람에게 상처를 주는 속임수를 쓰지 마라. 선의를 가지고 공정하게 생각하라. 말과 행동이 하나가 되도록 하라.

정의 : 다른 사람을 부당하게 대해 손해를 입히거나 이익을 가로채지
　　　마라.

중용 : 극단을 피하라. 상대가 욕을 먹어 마땅하다는 생각이 들더라도
　　　그가 앙심을 품을 정도로 행동하지 마라.

청결 : 몸과 옷과 주거지 등 어느 것이든 불결한 것을 용납하지 마라.

평정 : 사소한 것 혹은 우연히 발생하거나 피할 수 없는 사고에 흔들리지
　　　마라.

순결 : 건강이나 후손 때문이 아니라면 성관계를 최소화하라. 몸이 둔해
　　　지고 약해질 때까지 자신과 상대의 평화로운 마음이나 평판을 해
　　　칠 지경까지 관계를 갖지 마라.

겸손 : 예수와 소크라테스를 본받으라.

멘탈 코치 전문가로 살아가는 데 있어서 자신만의 가치를 찾고 가치
실현을 하기 위해 노력하는 것은 매우 의미 있는 일이다. 다음의 가치
덕목에서 자신만의 가치를 찾아보자.

자신이 소중하게 생각하는 가치 10가지를 찾아 ○표를 해보자.

가치 단어											
결속	공동체	권력	권위	기쁨	깨달음	가족애	감사	겸손	근면	기여	기지
명성	성공	성장	성취	신뢰	아름다움	끈기	너그러움	도움	도전	독립심	동지애
인정	역동성	신앙영성	영향력	이상실현	자아실현	뛰어남	명확성	모험	배려	봉사	사랑
자유	재미	전문성	전통	정의	조화	상상력	성실	솔직함	실행	약속	양육
존경	지혜	진실	질서	청결	초연	열정	용기	용서	위임	유머	유연성
평온	평화	행복	화합	활기	힘	인내	자기개발	자기관리	자기표현	자비	자율성
가정	애국	우정	건강	장수	풍요	정직	정확	중용	참여	창의성	책임감
공존	번영	일체감	공익	인간존중	복지안녕	최선	충직함	한결같음	헌신	협력	확신

가치 찾기

1. 자신이 찾은 10가지의 가치 단어를 1부터 10까지 가로와 세로에 동일하게 작성한다.
2. 1과 1을 비교해 더 중요하다고 생각되는 가치를 빈 칸에 적는다.
3. 동일한 방법으로 1부터 10까지 작성한다.
4. 합계 1, 2, 3 순위의 각 가치를 실천하기 위한 실천 전략을 세워보자.

예시

가치	1. 감사	2. 겸손	3. 영향력	4. 전문성	5. 도전	6. 창의성	7. 배려	8. 여유	9. 봉사	10. 용기
1. 감사										
2. 겸손	겸손									
3. 영향력	영향력	겸손								
4. 전문성	전문성	전문성	영향력							
5. 도전	감사	도전	영향력	전문성						
6. 창의성	감사	겸손	영향력	전문성	도전					
7. 배려	배려	배려	배려	전문성	도전	창의성				
8. 여유	여유	여유	여유	전문성	여유	여유	배려			
9. 봉사	감사	겸손	봉사	전문성	봉사	창의성	배려	여유		
10. 용기	용기	용기	용기	전문성	용기	용기	배려	여유	봉사	
합계	3	4	4	6	3	2	6	7	3	5
순위	5	4	4	2	5	6	2	1	5	3

자신만의 가치를 찾아보자(예시 참고).

가치	1.	2.	3.	4.	5.	6.	7.	8.	9.	10.
1.										
2.										
3.										
4.										
5.										
6.										
7.										
8.										
9.										
10.										
합계										
순위										

가치에 대한 의미 부여하기

- 1, 2, 3순위 가치에 대해 자신만의 정의를 내려보자.

(**예** 여유 : 해야 하는 일이 아닌 하고 싶은 일을 하는 것)

1. (   ) :

2. (   ) :

3. (   ) :

(　　　　)의 가치(자신의 이름 넣기)

1. 내가 원하는 삶의 궁극적인 목표를 적어보자.

2. 궁극적인 목표를 이루기 위해 찾은 가치는 무엇인가?

3. (　　,　　,　　) 가치는 나에게 어떤 의미인가?

4. 가치를 실현한 내 모습을 상상해본다면 어떤 모습일까?

5. 가치를 삶에 적용하기 위해 시도해볼 수 있는 행동은 무엇인가?

6. 지금 찾은 가치로 5년, 10년, 20년을 살아가게 된다면 내 삶은 지금과 어떻게 달라져 있을까?

7. 궁극적인 목표를 이룬 나에게 어떤 응원의 메시지를 들려주고 싶나요?

다섯 박자 댄싱

다섯 박자(+, −, ×, ÷, ＝)로 댄싱하라

'세계에서 가장 큰 코치들의 단체인' 국제코칭연맹(ICF)의 8가지 핵심 역량 가운데 5번은 '프레즌스를 유지한다'이다. 프레즌스(Presence)의 사전적 의미는 누군가가 혹은 무엇인가가 어떤 곳에 '실재한다'는 뜻이다. 사람이나 무엇이 그곳에 있음으로 인해 드러나는 '존재감'을 의미하기도 한다. 프레즌스는 '현존'이라는 의미로 사용되기도 한다. 멘탈 코칭 과정에서 현존은 매우 중요하다. 성과를 내야 하거나 의지가 약할 때 혹은 스트레스로 인해 원하는 일에 방해를 받을 때 등 코칭을 필요로 하는 고객의 상황은 다양하다. 이러한 과정에서 멘탈 코치의 프레즌스는 코칭의 중심을 잡고 고객이 원하는 결과를 얻는 데 중요한 작용을 한다.

멘탈 코칭에서 프레즌스를 유지한다는 것은 조금 특별하다. 프레즌스는 코칭 공간에서 고객과 함께하는 동안 온전히 고객의 파트너로 존재하는 것을 뜻한다. 멘탈 코치의 코칭 프레즌스는 어떻게 유지할 수 있을까. 바로 다섯 박자(+, -, ×, ÷, =)로 댄싱하면 된다.

다섯 박자로 댄싱하라의 '더하기(+)'는 멘탈 코치로서 역량을 키우는 것을 말한다. 코칭 기술만 가지고 고객을 만나는 것은 한계가 있다. 멘탈 코칭 전문가는 배움을 멈추지 않아야 한다. 코치의 역량을 개발하고 발전시키려는 노력이 필요하다.

다섯 박자로 댄싱하라의 '빼기(-)'는 코치의 생각, 즉 에고를 내려놓는 것을 말한다. 고객의 이야기를 들으면서 '다음에 무슨 질문을 할까?' 혹은 '코칭이 실패하면 어떡하지?' 같은 생각들은 프레즌스를 방해한다. 멘탈 코치가 빼기를 잘하기 위해서는 성찰의 시간이 필요하다. 대체로 많이 하는 방법이 호흡 명상이다. 들숨과 날숨을 관찰하고 들숨에 떠오르는 생각을 비우고, 날숨에 비워지는 감각에 깨어 있으면서 들숨과 날숨을 관찰하고 잠시 머무르면 된다. 이 과정에서 코치는 편안함과 안정감을 채우고 고객을 만나는 동안 현존하게 한다.

다섯 박자로 댄싱하라의 '곱하기(×)'는 연습이다. 코칭은 지식과 스킬만으로 잘할 수 있는 것이 아니다. 배운 것들을 몸에 익히는 체화의 과정이 있어야 한다. 그러기 위해서는 연습이 중요하다. 이 과정에서 멘탈 코칭의 경우 마음소리카드를 활용한다. 앞서 살펴보았듯이 마음소리카드는 고객이 자신의 생각과 감정을 객관적으로 바라보게 도우며 내면의 욕구를 발견하고 원하는 결과를 성취하도록 돕는 유용한 도구다.

다섯 박자로 댄싱하라의 '나누기(÷)'는 코치가 자신의 생각과 의견을 중립적으로 표현하는 것을 의미한다. 코칭은 수평적 파트너십을 지향한다. 하지만 코칭 고객은 멘탈 코치의 생각이나 의견을 듣고 싶어 할 때가 종종 있다. 이런 경우 코치가 자신의 생각이나 지식을 중립적 언어를 사용하지 않고 단호하게 말하면 고객은 코치의 말에 영향을 받을 수밖에 없다. 코치는 "아, 제 의견을 듣고 싶으신 거네요", "이야기를 듣고 나니 어떤 생각이 드세요?", "어떠세요?"와 같이 고객이 스스로 선택할 수 있도록 안내한다.

다섯 박자로 댄싱하라의 '유지하라(=)'는 멘탈 코치로서 가져야 할 태도를 의미한다. 멘탈 코치는 코칭 과정에서 다양한 고객을 만난다. 고객들은 저마다 가치관, 세계관, 종교관, 인생관, 정치관 등 다양한 관(觀), 즉 시각을 가지고 있다. 고객이 가지고 있는 다양한 시각을 존중하고 인정하려면 코치가 고객을 대하는 태도가 흔들려서는 안 된다. 편안함과 안정감을 기반으로 고객이 신뢰할 수 있는 코치로서의 자세를 유지하려는 태도를 기르는 것이 중요하다.

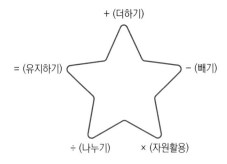

다섯 박자 댄싱으로 멘탈 코칭 시작하기

멘탈 코칭 전문가로 거듭나기 위한 '+, -, ×, ÷, ='에 해당하는 다섯 가지 요소를 작성해보자.

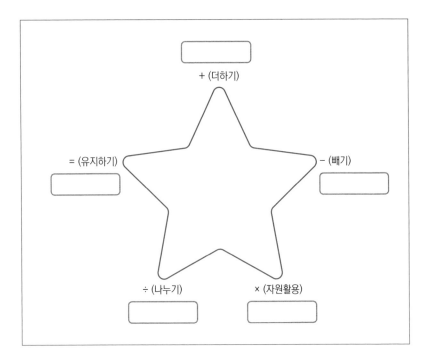

멘탈 감각 깨우기

멘탈 감각 깨우기

이 책을 처음부터 따라온 독자라면 멘탈 코칭이 무엇인지 정리가 되었을 것이다. 멘탈 코칭이 책을 읽었다고 해서 잘할 수 있다고 생각한다면 그것은 큰 오해다. 현장에서 멘탈 코칭을 잘하기 위해서는 오감을 깨우고 알아차리는 것을 촉진해야 한다. 멘탈 코치가 해야 할 가장 중요한 일 중 하나는 멘탈 감각을 깨우는 것이다.

멘탈 감각 깨우기는 긍정적인 사고의 확장을 넘어 좋은 영향을 삶의 모든 영역으로 확대하는 것이다. 윌리엄 제임스(William James)는 분산된 주의력을 스스로 바로 세울 수 있는 능력이 바로 의지력, 판단력, 인격의 뿌리라고 했다. 이러한 능력이 없는 사람은 자신의 주인이 될 수 없으며 이 능력을 키우는 것이야말로 최고의 교육이라고 했다. 멘탈 감각 깨우기는 분산된 주의력을 스스로 회복할 수 있는 능력을 키워주는 기술이며, 최고의 교육이자 멘탈 코칭 전문가로 우뚝 설 수 있는 최상의 가르침이다.

멘탈감각 깨우기의 첫 번째 단계는 '감정 인식'이다. 두 번째는 정확한 '자기 인식', 세 번째는 '자기 확신(자신감)'이다. 대니얼 골먼(Daniel Goleman)은 감정 인식이 뛰어난 업무 성과의 동인이 되는 힘이라고 했다. 감정 인식은 내가 느끼는 감정들을 정확하게 인지하고, 이것이 어디서 오는지를 알아차리고 내가 하는 행동에 어떤 영향을 주는지 이해하는 것이다.

정확한 자기 인식은 한 인간으로서 자신을 바르게 평가하는 것을 의미한다. '나에게 정말 중요한 것', '자신의 강점과 약점', '내가 가진 자원과 한계점'에 관해 스스로 질문하고, 그에 대한 대답을 아는 것이라고 할 수 있다. 정확한 자기 인식은 자신의 감정을 바르게 인식한 후 이루어진다.

자기 확신은 강한 능력이다. 자기 확신은 자만심과는 다르다. 자기 확신은 스스로 할 수 있다는 강한 믿음이자 자신감이라고 할 수 있다. 자신감은 자신이 할 수 없는 일에 대해 한계를 인정하고, 원하는 목표를 이루는 데 있어 유익하다.

멘탈 코칭의 전반적인 것들을 책을 통해 익혔다면, 이제는 멘탈 코칭을 잘하기 위해서 반복적인 훈련이 필요하다. 훈련 전 자신의 멘탈 감각을 다음 표에 체크해보자.

멘탈 감각을 깨우기 위한 사전 검사지

멘탈 감각	멘탈 감각 인식	점수에 따른 평가
감정 인식	1 2 3 4 5 6 7 8 9 10	25~30점 : 멘탈 코치
자기 인식	1 2 3 4 5 6 7 8 9 10	20~25점 : 높음 10~20점 : 보통
자기 확신	1 2 3 4 5 6 7 8 9 10	10점 이하 : 부족

〈멘탈 감각 깨우기 훈련 방법〉

1. 감정 인식

- 2분간 편안하게 숨을 고르고 심호흡을 한다.
- 자연스럽게 숨을 쉬면서 아주 부드럽게 호흡을 의식하며 들숨과 날숨에 집중한다.
- 들숨과 날숨이 있는 그 사이의 공간을 의식한다.
- 지금 느껴지는 감정을 알아차린다.
- 불편한 감정이 느껴진다면 그 감정을 바라본다.
- 감정이 어디에서 오는지, 어디에서 느껴지는지 잠시 머무르며 생각한다.
- 다시 호흡에 집중하면서 행복하고 즐거웠던 시간이나 상황, 성공 경험을 떠올린다.
- 지금 느껴지는 감정을 알아차린다.

2. 자기 인식

- 자연스럽게 숨을 쉬면서 아주 부드럽게 호흡을 의식하며 들숨과 날숨에 집중한다.
- 들숨과 날숨이 있는 그 사이의 공간을 의식한다.
- 자신의 강점과 약점을 떠올린다.
- 자신이 가지고 있는 자원을 떠올린다.
- 자신에게 가장 중요한 것이 무엇인지 떠올린다.
- 자신의 우선순위와 목표에 대한 분명한 태도를 선택한다.

3. 자기 확신(자신감)

- 자연스럽게 숨을 쉬면서 아주 부드럽게 호흡을 의식하며 들숨과 날숨에 집중한다.
- 들숨과 날숨이 있는 그 사이의 공간을 의식한다.
- 자신이 원하는 목표를 선명한 이미지로 떠올린다.
- 지금 느껴지는 기분을 알아차린다.
- 이제 좀 더 즐겁게 4분간 성공에 대한 경험을 확장시켜본다.
- 성공한 순간의 오감각*을 깨운다.

> * 오감각을 깨우는 질문
> 1. 고르고 깊게 호흡한다.
> 2. 무엇이 보이는가?
> 3. 어떤 소리가 들리는가?
> 4. 주변 사람들이 나에게 어떤 소리를 하는가?
> 5. 몸에서 무엇이 느껴지는가?

6. 지금 느껴지는 기분은 어떠한가?

7. 몸에 주의를 기울여 발, 다리, 무릎, 골반, 가슴, 팔, 어깨, 등, 목, 뒤통수, 얼굴에서 느껴지는 감각에 집중한다.

멘탈 감각 깨우기 훈련을 하고 난 후 멘탈 감각을 체크해보자.

멘탈 감각을 깨우기 위한 사후 검사지

멘탈 감각	멘탈 감각 인식	점수에 따른 평가
감정 인식	1 2 3 4 5 6 7 8 9 10	25~30점 : 멘탈 코치
자기 인식	1 2 3 4 5 6 7 8 9 10	20~25점 : 높음 10~20점 : 보통
자기 확신	1 2 3 4 5 6 7 8 9 10	10점 이하 : 부족

칭찬 샤워

일상 생활에서 부정적인 감정과 부정적인 시각, 부정적인 생각들은 부정정인 행동, 말, 생각, 행동으로 결과를 나타낸다. 이런 부정적인 에너지를 긍정적인 에너지로 전환하는 것이 필요한데, 이때 필요한 것이 바로 '칭찬'이다. 칭찬이란 어떤 대상에 대해서 장점과 좋은 점을 말해주는 것이다. 칭찬은 상대방의 기분을 좋게 해주며, 긍지와 자부심, 자신감 등을 가질 수 있게 해준다.

《칭찬은 고래도 춤추게 한다》라는 책이 나오면서 칭찬 열풍이 불었던 때가 있었다. 사람들은 칭찬에 대한 긍정의 힘과 파급력에 대해 알게 되면서 '칭찬'의 중요성을 더욱 강조하기 시작했다. 칭찬이 가져오는 긍정적인 감정은 전염성이 강하고, 비록 그 자체만으로는 힘을 가지고 있지 않더라도 다른 사람의 마음에 긍정적인 에너지로 자극되어 활력을 주며, 각자가 가지고 있는 잠재력을 불러일으킨다. 높은 관심과 칭찬을 받으면 자기가 할 수 있는 것보다 더 많은 것을 해내게 되는 힘이 있다.

멘탈 코치의 칭찬은 요구나 욕구, 바람 등에 대한 답으로서의 역할을 하는 것이 아니다. 개인이 노력한 과정과 그에 따른 성과에 대한 진심 어린 인정이다. 자신에게 이익이 되거나 보탬이 된다고 생각해서 하는 것이 아니라 상대방이 잘된 것, 강점 등을 진심으로 축하해주는 것이 진정한 칭찬이다. 정말 중요한 것은 스스로를 칭찬하는 것이다. 셀프 멘탈 검사지에서 해보았듯이 스스로에 대한 긍정적인 언어로 자신에게 작은 것 하나부터 시작해서 칭찬하고 격려하다 보면 남을 사랑하고 칭찬할 수 있는 마음의 영역이 확장된다.

한마디의 진심 어린 칭찬이 자신뿐만 아니라 여러 사람들에게 활력소로 작용할 수 있게 바로 지금 칭찬을 시작해보자! 그동안 비난, 평가 등의 시선으로 힘들었던 마음을 '세븐 센스 매직볼'을 만들어 긍정의 힘으로 샤워해봄으로써 부정적인 마음을 씻어내자!

빨강	주황	노랑	초록	파랑	보라	핑크
활력 도전 에너지	쾌활 환희 즐거움 관계	배움 기쁨 호기심 자의식	균형 조화 휴식 성실	이성적 평화 소통 신뢰	영성 돌봄 직관 봉사	사랑 보살핌 순수 인정

1. 육각형 모양의 공 시트지를 사용해서 오린다.

2. 자신이 원하는 컬러를 각 면에 칠한다.

3. 자신의 강점과 자신에게 해주고 싶은 칭찬 14가지를 써넣는다.

4. 세븐 센스 컬러 매직볼 완성!

5. 매직볼을 굴려서 매일 자신에게 칭찬 샤워를 해보자!

마음소리카드 소개

마음
소리
카드

Communicate
with my heart

사용설명서

활용문의
마음소리 삼인삼색

개발자 _ 한미옥, 최희순, 박은선
제 작 _ 한미옥코칭연구소, ㈜휴먼스타
구입 및 교육문의 _ 063.909.6886
카카오톡 아이디
hancoach153, hopeluck, umanstar.es
이메일 _ mentbl2023@naver.com
저작권 및 독점판매의 권리 보호받는 저작물입니다.

출처 : 한미옥, 최희순, 박은선 개발

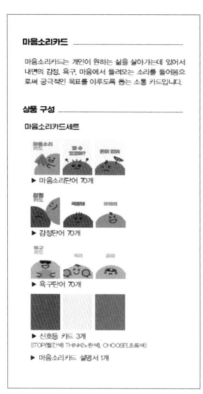

마음소리카드

마음소리카드는 개인이 원하는 삶을 살아가는데 있어서 내면의 감정, 욕구, 마음에서 들려오는 소리를 들어봄으로써 궁극적인 목표를 이루도록 돕는 소통 카드입니다.

상품 구성

마음소리카드세트

▶ 마음소리단어 70개

▶ 감정단어 70개

▶ 욕구단어 70개

▶ 신호등 카드 3개
STOP(빨간색) THINK(노란색), CHOOSE(초록색)

▶ 마음소리카드 설명서 1개

사용대상

개인, 상담사/전문코치, 지도자, 부모/자녀, 교사/학생, 부부, 상사/직원 등

사용방법

❶ 감정, 욕구, 마음소리 카드를 준비한다.

❷ 감정단어 카드에서 현재 상황(경험, 이슈 등)에서 느껴지는 감정단어를 고른다.

❸ 욕구단어 카드에서 감정 안에 숨어있는 욕구단어를 고른다.

❹ 마음소리 카드에서 현재 상황(경험, 이슈 등)에 관련된 마음소리 카드를 고른다.

❺ 이때 충족되었거나 미 충족된 욕구를 욕구단어카드에서 고른다.
(타인과 관련된 상황일 경우 다음 질문의 단계를 거친다.)
 · 지금 상황에서 상대방은 어떤 감정을 느낄까요?
 · 상대방은 어떤 욕구를 가지고 있을까요?
 · 상대방의 마음의 소리는 어떤 소리일까요?
 · 상대방의 감정은 어떤지 감정단어를 고른다.

❻ 그럼에도 불구하고 자신이 원하는 것을 이룰 수 있는 방법을 생각한다.

❼ 신호등 카드를 꺼낸다.
 · 신호등 카드의 STOP(빨간색)에서 마음의 소리를 듣는다.
 · 신호등 카드 THINK(노란색)에서 심장에 집중하여 호흡한다.
 · 신호등 카드 CHOOSE(초록색)에서 원하는 결과를 얻기 위한 방법을 찾는다.

이럴게도 활용가능해요

교육, 워크샵, 코칭, 신수·개인 상담, 가족 등

출처 : 한미옥, 최희순, 박은선 개발

마음소리카드는 개인이 원하는 삶을 살아가는 데 있어 내면의 감정이나 욕구, 마음에서 들려오는 소리를 들어봄으로써 궁극적인 목표를 이룰 수 있게 돕는 소통 카드이다.

삶을 살아가면서 멘탈 관리는 굉장히 중요하다. 자신이 목표한 일을 이루어가는 과정에서 스트레스 상황에 놓였을 때, 대부분의 사람들은 올바른 결정을 하지 못하거나 방향성을 잡지 못한다. 이러한 상황에서

이 책은 자신의 멘탈을 관리하고 성공적인 삶과 인생을 살아가도록 돕기 위한 안내서라고 생각하면 좋을 것이다.

> "자신을 통제하는 것보다 더 작은 통제도, 더 큰 통제도 없다.
> 그것이 가장 작은 통제인 것은 자기 자신조차 통제하지 못하면서
> 자기 이외의 다른 것을 통제할 수는 없기 때문이며,
> 그것이 가장 위대한 통제인 것은
> 자신을 완전히 통제하는 것은 정말 어려운 일이기에
> 그걸 해내는 것이야말로 다른 어떤 일보다 큰일이기 때문이다."
>
> – 레오나르도 다빈치(Leonardo da Vinci)

참고문헌

- 김현숙, 《비거게임》, 올림
- 더그 스트리챠크직, 피터 클러프, 《멘탈력》, 한국코칭수퍼비전아카데미
- 박은선, 《코칭으로 나를 빛내라》, 행복에너지
- 박찬규, 《임파워링하라》, 넌참예뻐
- 벤자민 플랭클린, 《벤자민 플랭클린 자서전》, 부크크
- 스티븐 코비, 《성공하는 사람들의 7가지 습관》, 김영사
- 에크하르트 톨레, 《삶으로 다시 떠오르기》, 연금술사
- 차드 멩 탄, 《너의 내면을 검색하라》, 알키
- 캐럴 드웩, 《마인드셋》, 스몰빅라이프
- 켈리 최, 《웰씽킹》, 다산북스
- 티머시 갤웨이, 《이너게임》, 가을여행

MENTAL
COACHING

하루 15분,
흔들리지 않는 멘탈 코칭

제1판 1쇄 2024년 3월 20일

지은이 박은선, 최희순, 한미옥
펴낸이 한성주
펴낸곳 ㈜두드림미디어
책임편집 우민정
디자인 노경녀(nkn3383@naver.com)

㈜두드림미디어
등 록 2015년 3월 25일(제2022-000009호)
주 소 서울시 강서구 공항대로 219, 620호, 621호
전 화 02)333-3577
팩 스 02)6455-3477
이메일 dodreamedia@naver.com(원고 투고 및 출판 관련 문의)
카 페 https://cafe.naver.com/dodreamedia

ISBN 979-11-93210-64-2 (03190)